Internetadressen für PGP-Leser/innen

Diese Ausgabe enthält folgende Beilagen:
Verlag Junge Gemeinde, Stuttgart;
Fachstelle Alter der Nordkirche, Kiel und
»7 Wochen Ohne« der Edition Chrismon, Leipzig.
Wir bitten um freundliche Beachtung.

FREMD FREMDE FREMDES ZUHAUSE

Liebe Leserinnen und Leser.

Das Thema *Fremd Zuhause* hat gegenwärtig in globaler Dimension höchste gesellschaftliche Brisanz angenommen: In Strömen verlassen Menschen ihr unerträglich gewordenes Zuhause. In Strömen zieht es Menschen in – im Vergleich zu ihrem Herkunftsalltag – äußerlich unfassbar reiche und intakte Gesellschaften. Sämtliche Beteiligte sehen sich vor völlig neue Herausforderungen gestellt: die Herkunftsländer wie die Zufluchtsländer, deren Gesellschaften und politischen Systeme und vor allem die Menschen, die aus ihrer fremd und unwirtlich gewordenen Heimat in eine neue ungewisse Fremde wandern. Sicher geglaubte Gewissheiten wie das Europäische Haus, die entwickelten demokratischen Gesellschaften, Friedensordnungen, Menschenrechte ... beginnen sich aufzulösen.

Dabei ist das gar nicht neu. Allein in der jüngeren Geschichte der zurückliegenden 200 Jahre gab es unzählige Wanderungsbewegungen, ohne die es keinen FC Schalke 04 oder keine um die Jahrhundertwende aufstrebenden Industrieregionen um Bitterfeld oder im Ruhrgebiet gegeben hätte und auch kein Wirtschaftswunder in Westdeutschland seit den 1950er Jahren.

»Man muss nur unter die Menschen gehen, um Fremde unter Fremden zu treffen.« – Mit diesen Worten beschreibt Karl Valentin das Lebensgefühl, das für viele daraus resultiert: Fremd Sein im Eigenen; überall Fremde, wo Menschen sind ... Aber: Wo und wer bin ich mit all dem Fremden in mir und um mich und durch mich und wohin soll das führen?

Mittendrin immer wir als evangelische Kirche. Oder mitunter auch außen vor? Auch fremd oder Fremdkörper? ›Fremde Heimat‹ für viele? Laut Bibel haben wir als Christinnen und Christen ›hier‹ kein bleibendes Zuhause. Zugleich strebt die Kirche danach, den Menschen in der Gemeinde eine (fremde) Heimat zu bieten. Und wir kirchliche Akteure fremdeln immer wieder selbst – ganz unabhängig von den neuen Fremden unter uns – mit uns selbst, den Menschen um uns, der Kirche, dem Gottesdienst, den Strukturen, den offiziellen Vertretern und auch mitunter mit den Inhalten Glaube, Liebe, Hoffnung, Gott ...?

Diese Spannungen sind in der gemeindepädagogischen Praxis Tag für Tag zu erleben, auszuhandeln und zu gestalten – in der eigenen Person, in der Arbeit mit den anvertrauten Menschen, in der pädagogischen und gottesdienstlichen Praxis, in der gesellschaftlichen und kirchlichen Wirklichkeit.

Wir haben Autorinnen und Autoren gewonnen, die aus sehr unterschiedlichen Perspektiven praktische und theoretische Impulse zum Thema geben. Die Vielfalt des Themas ist größer, als manche aktuell praktische Fragestellung zunächst vermuten lässt. Das Thema ist vor allem nicht wirklich neu, nur immer wieder neu aktuell. Möge diese Ausgabe dazu beitragen, sich der eigenen Perspektiven zu vergewissern oder diese gar neu zu bedenken und andere Perspektiven sowie Praxisideen für einen gemeindepädagogischen Umgang mit dem Fremden unter Fremdem zu erschließen.

Wir sind gespannt auf Ihre Reaktionen!
Herzlich grüßt im Namen der Redaktion

Matthias Spenn,
PGP-Schriftleiter

Adel Tawil

Komm wir bring' die Welt zum Leuchten,
egal woher du kommst.
Zuhause ist da wo deine Freunde sind,
hier ist die Liebe umsonst.

FREMDES ZUHAUSE

Meditation zum Heftthema

Petra Bosse-Huber

»Zuhause ist da, wo deine Freunde sind, hier ist die Liebe umsonst«, heißt es im Lied »Zuhause« von Adel Tawil. Vor zwei Jahren war es ein Chart-Erfolg. Eine schöne Vorstellung, einen Ort zu haben, an dem man sich geborgen fühlen kann und der mehr ist als ein Dach über dem Kopf, unter dem man schlafen und satt werden kann. Ein vertrauter Ort, an dem man nichts zu fürchten braucht. Denn all das bedeutet »Zuhause«.

Doch was, wenn weder Freunde noch Familie in der Nähe sein können oder sogar tot sind und das neue »Zuhause« aus einem Wohncontainer besteht? Hunderttausende Asylsuchende kamen im Jahr 2015 nach Deutschland. Dieses Jahr waren es bisher sehr viel weniger Menschen — Grenzen wurden geschlossen, Balkan-Staaten zu sicheren Herkunftsländern erklärt. Auch das Recht, Familienangehörige nachzuholen, wurde für zwei Jahre deutlich eingeschränkt: Selbst Kinder, die ohne ihre Eltern nach Deutschland gekommen sind, müssen jahrelang getrennt von ihren Familien leben. Wie soll man sich zuhause fühlen, wenn die Familie im brennenden Aleppo lebt und man selbst nicht einmal einen Sprachkurs machen kann?

Interessanterweise betrifft dieses Gefühl allerdings nicht nur diejenigen, die neu in unser Land kommen. Auch Menschen, die hier geboren sind, äußern sich entsprechend: Ihr Zuhause sei ihnen angesichts der Flüchtlinge fremd geworden, sagen manche.

Das ist erst einmal verständlich: Deutschland durchlebt einen großen gesellschaftlichen Umbruch. Besorgniserregend ist aber, dass diese Fremdheit oft genug »Fremdenhass« im Wortsinn zur Folge hat, nach der platten Logik: »Du löst bei mir ein Fremdheitsgefühl aus. Deshalb hasse ich dich!«

Doch neben diesen beiden Gruppen, die mit Fremdheit umgehen müssen, gibt es noch eine dritte: Diejenigen, die sich solchen Gefühlen bewusst aussetzen – Jugendliche, die ein Schuljahr in England verbringen, Wissenschaftler, die in den USA arbeiten, weil es nur dort die eine passende Stelle für sie gibt. Und Liebende, die in die Fremde ziehen, weil nur sie die Nähe zum Partner ermöglicht.

Auch sie alle fühlen sich fremd. Mit einem entscheidenden Unterschied: Die Fremdheit von Weltenbummlern, Liebenden und Austausch-Schülern ist gesellschaftlich akzeptiert, in bestimmten Gesellschaftskreisen sogar erwünscht: Das Urlaubsziel kann nicht exotisch genug sein; ein Auslandsstudium gilt als Bonus. Es ist ein Manko, wenn man es nicht gemacht hat. Und wer die Stelle in Harvard ablehnt, ist »nicht mehr bei Trost«. Auch umgekehrt sind Weltenbummlerinnen, Studierende und Wissenschaftlerinnen – wenn man von Zwischenfällen in Dresden absieht – in der Regel akzeptierte Fremde in Deutschland.

Geflüchtete dagegen können sich nicht für oder gegen Fremdheit entscheiden. Sie können sich nicht einmal frei bewegen, um die Fremde für ein paar Momente zu vergessen: Wenn die Tochter bei der Schwester in Hamburg lebt, die Mutter aber in einem Containerdorf in Brandenburg, können sich die drei nur mit einer Genehmigung besuchen.

Die Familie können wir als Gesellschaft nicht ersetzen. Trotzdem können wir helfen, Heimatgefühle zu ermöglichen. Das »Sharehaus Refugio« der Berliner Stadtmission hat einen Anfang gemacht. Dort leben Geflüchtete und Deutsche unter einem Dach. Die Hoffnung: Wenn die Bewohnerinnen und Bewohner nach 12 bis 18 Monaten turnusmäßig wieder ausziehen, haben sie Freundschaften geschlossen und damit alle ein Stück neues Zuhause gefunden – gemäß der Liedzeile: »Zu Hause ist da, wo deine Freunde sind. Hier ist die Liebe umsonst.«

Bischöfin Petra Bosse-Huber leitet die Hauptabteilung Ökumene und Auslandsarbeit im Kirchenamt der EKD.

»Ich war fremd und ihr habt mich

Biblische Impulse zum Verständnis des Fremden

Philipp Enger

Es ist für den modernen Blick auf das Altertum überraschend, wie viel im Alten Testament von Heimatverlust und Aufenthalt in der Fremde erzählt wird: Die Erzeltern ziehen als Halbnomaden durch fremdes Land, die Hebräer leben als Fremdarbeiter in Ägypten, David schlägt sich als Ausgestoßener in der Wüste durch, die deportierten Judäer fristen ihr Dasein im babylonischen Exil. Viele der identitätsstiftenden Geschichten der Juden gründen in Migrationserfahrungen, Aufbruch und Heimatsuche.

Aber auch das Neue Testament spiegelt ein Selbstverständnis der Urchristen wider, das von Fremdheits- und Ausgrenzungserfahrungen geprägt ist, wenn auch nicht ganz so offensichtlich: Paulus' Reisen durch Kleinasien und Griechenland, Jesu Sympathien für Samaritaner (Lk 10,25–37; Joh 4), die Verfolgungserfahrungen der urchristlichen Gemeinden und Missionare nach der Trennung von der Synagoge und deren Grundgefühl, nicht von dieser Welt zu sein (Phil 3,13 f; 1Petr 2,11; Hebr 13,14). Die Urchristen schließen nicht umsonst bei ihrer Identitätsbestimmung gerne an die Wanderexistenz Abrahams an (Gal 3; Röm 4; Hebr 11).

Fremdenliebe in der Bibel

Umso weniger überrascht es, wenn die Bibel in weiten Teilen außerordentlich fremdenfreundlich wirkt, sowohl im Alten wie im Neuen Testament. Die Spitzensätze dieser vermeintlichen Offenheit und Willkommenskultur gegenüber Fremden finden sich zum einen im Heiligkeitsgesetz des 3. Buch Mose:

Wie ein Einheimischer von euch soll der Fremde für euch sein, der sich bei euch niederlässt. Und du sollst ihn lieben wie dich selbst, denn Fremde ward ihr im Land Ägypten. (Lev 19,34)

Zum anderen in der Endgerichtsrede des Matthäus-Evangeliums:

Ich war fremd und ihr habt mich aufgenommen. […] Was ihr einem dieser meiner geringsten Brüder getan habt, das habt ihr mir getan. (Mt 25,35c.40b)

Beide Texte fordern scheinbar uneingeschränkt und bedingungslos die Aufnahme und Integration von Fremden.

Doch dieser erste Blick ist biblizistisch verengt und blendet den Abstand von 2000 bis 2500 Jahren aus, der zwischen diesen Texten und uns liegt. Sind die Fremden, von denen die biblischen Autoren sprechen, wirklich vergleichbar mit dem, was wir uns unter Fremden vorstellen? Entsprechen die Anliegen dieser Autoren unseren Idealen von Willkommenskultur und Integration? Gibt es andere Verhältnisbestimmungen gegenüber Fremden? Und wie definieren sich eigentlich die angesprochenen Gruppen in beiden Texten?

Der Fremde als Schatten des Eigenen

Der Begriff des »Fremden« ist ein Kontrastbegriff. Er beschreibt das Nicht-Vorhandensein einer Eigenschaft: Der Fremde ist nicht so wie wir – wie auch immer sich dieses »so« definiert. Die Bestimmung dessen, was fremd ist, hängt von der Bestimmung des Eigenen ab. Es macht die Frage nach dem Fremden in der Bibel kompliziert, dass das Alte Testament einen ca. 600-jährigen Diskussionsprozess darüber widerspiegelt, was »Israel« ist und wer dazu gehört, und das Neue Testament den turbulenten Entstehungsprozess einer neuen Gemeinschaft, des Christentums. In beiden Textsammlungen begegnen uns nicht die Selbstzeugnisse einer stabilen eth-

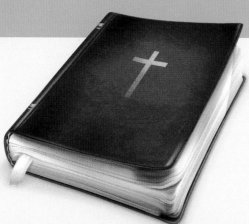

aufgenommen«

nischen oder religiösen Gruppe, sondern Moment-
aufnahmen der Selbstvergewisserung zweier (oder
mehrer) fluider Gruppen. Dementsprechend variiert
der Begriff »fremd« und die Verhältnisbestimmung
zu dem, was »fremd« ist.

»Israel« ist Ende des 2. Jahrtausends v. Chr.
eine Bevölkerungsgruppe im samarischen Gebir-
ge (heutiges nördliches West-Jordanland).[1] Anfang
des 1. Jahrtausends v. Chr. entsteht in diesem Ge-
biet ein Territorialstaat, der diesen Namen für sich
reklamiert (vgl. 2Sam 5,1–5; 1Kön 12). Nachdem
diese 720 v. Chr. von den Assyrern zerschlagen wird,
übernimmt der südliche Nachbarstaat Juda nicht
nur einen Teil der Bevölkerung, sondern auch den
Namen »Israel«.[2] Als dieser zweite Staat von den
Neu-Babyloniern 586 v. Chr. erobert wird, deportie-
ren sie die wirtschaftliche und intellektuelle Elite
ins Zweistromland. Sowohl die in Juda verbliebenen
Menschen als auch die Deportierten sehen sich als
Identitätsträger des Namens »Israel«.[3] Als die Deportierten im 5. Jahrhundert v. Chr. zurückkehren,
konkurrieren die beiden Gruppen miteinander, bis
sich die Heimkehrer durchsetzen (Esr; Neh).[4] Gleichzeitig entstehen verschiedene Gruppen, die »Israel«
über ein bestimmtes ethisches Verhalten definieren,
und daraus unterschiedliche Schlüsse ziehen: von
der weitgehenden Öffnung des Begriffs bis zur ra-
dikalen Reduzierung auf einen kleinen Kreis eines
»wahren Israels«. An all diesen nur grob skizzierten
Stationen finden sich unterschiedliche Bestimmun-
gen und Abstufungen des »Fremden«.

Nicht ganz so weit gespannt, aber auch dissonant
spiegelt das Neue Testament verschiedene Aspekte
eines Diskussionsprozesses um die Gruppenidentität
wieder. Am offensichtlichsten ist die Auseinandersetzung um den Zugang zur Gruppe der Christen erst
bei Nicht-Juden und dann auch ohne Übernahme

der jüdischen Identitätszeichen (Beschneidung und
Toraobservanz). Daneben aber finden Diskussionen
um die Identitätsfindung statt: charismatische Grup-
penkonstitution oder institutionelle, richtige Haltung
(Glauben) oder richtiges Verhalten (Ethik).

Wer sind die Fremden im Alten Testament?

Der »Fremde« – wörtlich: der »Niedergelassene« – in
Lev 19 ist vermutlich eine herkunftsmäßig unbe-
stimmte, neu geschaffene Kategorie für Menschen,
die sich in der ethnisch-kulturell unübersichtlichen
Situation Palästinas in der frühen Perserzeit (5. Jh.
v. Chr.) der um ihre Existenz ringenden Gemeinschaft der Heimgekehrten anschließen.[5] Die meisten
davon sind lokal »Einheimische« und einige rechne-
ten sich wahrscheinlich schon vorher zu »Israel«, nur
auf Basis einer anderen Definition. Daneben findet
sich noch die Kategorie des »Residenten« (Luther:
»Besasse«), der auch ortsansässig ist, aber klar min-
derberechtigt und ausgegrenzt.

Außerhalb der sog. priesterschriftlichen Gesetz-
gebung ist der Fremde/Niedergelassene anders definiert. Im ausgehenden 8. Jahrhundert verbirgt
sich dahinter der Flüchtling vor der assyrischen
Eroberung aus dem Nordreich (Ex 22,20; 23,9.12).
Am Ende des 7. Jahrhunderts öffnet sich der Begriff für alle ortsansässigen Migranten, die aber
vorrangig aus dem regionalen Umfeld Judas stammen und nicht voll gleichberechtigt sind und auch
nicht integriert werden.[6] Als das Südreich dann aber
untergeht, wird es als Fluch für die Judäer angesehen, wenn die Fremden aus ihrer sozial deklassier-
ten Rolle aufsteigen (Dtn 28,12f). Deportierte im
eigenen Land werden auch dann abgelehnt, wenn
sie sich religiös assimilieren (2Kön 17,24–41). Im

→

frühen 5. Jahrhundert gibt es eine kleine radikale Prophetengruppe, die den Fremden/Niedergelassenen wieder ganz und gar in die jüdische Gemeinschaft integrieren will (Jes 56,1–8). Ein paar Jahrzehnte später jedoch grenzt die Führung der jüdischen Heimkehrer-Gemeinschaft alle Fremden aus – schließlich werden sogar alle nicht-jüdischen Ehefrauen von Exilsheimkehrern ausgewiesen (Esr 9f; Neh 13,23–29). Dagegen wenden sich um 400 v. Chr. zwei Novellisten, die von Gottes Erbarmen mit ethnisch Fremden berichten und ihren judäischen Verwandten gegenüber loyal bis zur Aufgabe der eigenen Identität sind (Ruth) oder interreligiös sensibel und bußfertig (Jona).

Wer ist der Fremde im Matthäusevangelium? Und was ist dem Urchristentum »fremd«?

Ähnlich wie in den Texten des Alten Testaments ist der »Fremde« in Mt 25 nicht jeder beliebige Ankömmling in der antiken Stadt der matthäischen Gemeinde, egal ob Christ oder nicht, sondern der reisende »Bruder«, das Mitglied der christlichen Gemeinde einer anderen Stadt, der aus persönlichen, beruflichen oder gemeindlichen Gründen unterwegs war. Das Gastrecht gilt in der gesamten antiken Kultur als hohes Gut und die Aufnahme reisender Gruppenmitglieder ist Teil antiker Gruppensolidarität.

Anders als das »Israel« des Alten Testaments definiert sich das Urchristentum des Neuen Testaments nicht ethnisch, sondern rein religiös. Es versteht sich offensiv als trans- oder meta-ethnische Gruppierung: »Hier ist nicht Jude, noch Grieche« (Gal 3,28a). Es ist insofern ein integrales Phänomen der multi-ethnischen, multi-religiösen antiken Stadt.[7] Unter dem Schutz und der Ordnung der weltumfassenden *pax romana* entwickeln sich die Städte zu kulturellen Schmelztiegeln mit unterschiedlichen dominanten Grundkulturen (z. B. die griechische in Ephesos und die ägyptische in Alexandria).[8] Die Verhältnisbestim-

mung des multi-ethnischen Urchristentums zur multi-kulturellen und multi-religiösen Umgebung fällt manchmal differenziert, manchmal abgrenzend aus. So beschäftigt sich z. B. Paulus in einem Großteil des 1. Korintherbriefs mit Abgrenzung gegenüber und Integration in die antike Stadtkultur (1Kor 5–11) und träumt gar im Römerbrief von einer harmonischen Beziehung zu ihr: »Ist's möglich, soviel an euch liegt, so habt mit allen Menschen Frieden« (Röm 12,18; vgl. 12,14–13,7). Umgekehrt grenzen sich die johanneischen Gemeinden scharf von ihrer Umwelt ab (z. B. Dualismus und Antisemitismus im Johannesevangelium) und träumen von der endzeitlichen Zerstörung Roms und der ihrer Ansicht nach sittenlosen Stadtkultur (Offb 17 f.). Offenbar hängt das Verhältnis stark davon ab, wie die nicht-christliche Mehrheitsgesellschaft mit den kleinen urchristlichen Gemeinden umgeht. Gleichzeitig finden innerhalb der Gemeinden Diskussion darüber statt, was kulturell »fremd« ist und wie man dem gegenübertritt (vgl. z. B. die Götzenopferfleisch-Debatte in 1Kor 8; 10).

Das Andere wird zum Eigentlichen

Befremdlich im wahrsten Sinne des Wortes ist eine besondere Traditionslinie quer durch die Bibel. Aus der Selbstbeschreibung als »Fremder und Resident« im zukünftigen Israel, die Abraham im 6. Jh. v. Chr. in den Mund gelegt wurde, als er dort das erste Grundstück erwirbt (Gen 23,4), wird im 5. Jh. das Heimatgefühl als Judäer. Sie sind »Fremde und Residenten« auf dem Landbesitz, den Gott ihnen nur zur Verfügung gestellt habe (Leb 25,23). Daraus entwickelt sich gut 100 Jahre später die anthropologische Grundbestimmung, dass alle Menschen »Fremde und Residenten« in einer Welt der Vergänglichkeit seien (Ps 39,13; 1Chr 29,15). Der Autor des 1. Petrusbriefs nimmt schließlich genau diese Formulierung auf,[9] um die Existenzform der Christen in der nicht-christlichen Umwelt zu beschreiben: »Fremde und Residenten« seien sie und sollte sich deswegen unanstößig verhalten (1Petr 2,11). Das Grundgefühl, fremd zu sein in der Welt, verbindet offenbar Juden und Christen und stellt alle anderen Zuschreibungen von Fremdheit auf den Kopf.

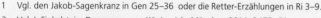

1 Vgl. den Jakob-Sagenkranz in Gen 25–36 oder die Retter-Erzählungen in Ri 3–9.

2 Vgl. I. Finkelstein, Das vergessene Königreich, München 2014, S.175–81.

3 Vgl. R. Albertz, Die Exilszeit, Stuttgart u. a. 2001, S. 81–97.

4 Vgl. R. Kessler, Sozialgeschichte des alten Israel, Darmstadt 2008, S. 145–47.

5 Vgl. Ex 12,15–20.43–49; Lev 17,3–16; 18,26; 19,9 f.; 20,2–5; 22,17–25; 23,22; 24,10–13; 25; Num 9,1–14; 15,1–16.22–31; 19,10–13; 35,15

6 Dtn 14,29; 16,9–15; 24,19–21; 26,12 f.

7 Vgl. U. Schnelle, Die ersten 100 Jahre des Christentums, Göttingen 2015, S. 485–91

8 Vgl. M. Ebner, Die Stadt als Lebensraum der ersten Christen, Göttingen 2012, S. 17–40.

9 Der 1Petr benutzt die griechische Übersetzung der entsprechenden hebräischen Begriffe an den alttestamentlichen Stellen, wie sie die Septuaginta benutzt.

Dr. Philipp Enger ist Professor für Biblische Theologie im Studiengang Ev. Religionspädagogik an der Evangelischen Hochschule Berlin.

Ich bin ein Fremder (gewesen) ...

Ein Gemeindeprojekt zu Fluchtgeschichten aus dem Oberharz

Ann-Sophie Schäfer

Wie sieht das aus, wenn sich 170 Syrer, Afghanen und Deutsche bunt gemischt in einem Oberharzer Schützenhaus versammeln? Wie passen Kartoffel-puffer und gefüllte Weinblätter am Büffet zusammen? Wie klingt es, wenn sich eine syrische Band mit der Harzer Heimatgruppe eine Bühne teilt? Was passiert, wenn Margot (81) aus Schlesien und Qoutaiba (24) aus Damaskus einander ihre Geschichten erzählen?

Raum für Begegnung schaffen – Die Idee

In den Seniorenkreisen der Elbingeröder Gemeinde wurde die Idee zu unserem Projekt geboren. Hier lösten die Flüchtlingsströme, die im Herbst 2015 auch den Oberharz erreicht hatten, nicht nur Dis-kussionen über die vielen Asylbewerber aus, sondern weckten auch Erinnerungen. »Ich bin ja auch Flücht-ling. Bei uns gab's damals keine Kleiderkammer.« Die Erfahrung, in einem Land fremd zu sein, prägt sich tief ein und das Gefühl der Solidarität mit ande-ren Fremden erwächst daraus nicht selbstverständ-lich. Aber ein Raum, in dem die eigene Geschichte auf interessierte Ohren stößt, wird leicht zum Be-gegnungsort verschiedener Geschichten. Und deren Zusammenklang hallt nach. So hat es sich schon in den Seniorenkreisen angebahnt und so war es dann auch beim Interkulturellen Abend zum Thema »Fluchtgeschichten« in Benneckenstein.

Begegnung mit allen Sinnen – Die Veranstaltung

Im Zentrum der Veranstaltung standen sechs per-sönliche Geschichten vom Aufbrechen und Ankom-men, von den Erlebnissen auf der Flucht: aus Syrien, aus den ehemaligen deutschen Ostgebieten und aus der DDR. Jeweils auf Arabisch und Deutsch wurden sie in Abschnitten gelesen.

Als erstes Lesepaar an jenem Abend im April be-treten Khaled und Victoria das Podium. Er liest sei-ne Geschichte, sie die Übersetzung. Ein halbes Jahr nach seiner Flucht erzählt der vierfache Familienva-ter den Menschen im Oberharz, was er erlebt hat: die endlosen Fußmärsche; die Angst bei finsterer Nacht auf dem offenen Meer; die furchtbaren Zustände in den Flüchtlingslagern im Osten Europas; wie sie Kleidung verbrannt haben, um sich warm zu halten. Alle Blicke im Raum sind auf ihn gerichtet. Immer wieder wird die Anteilnahme auch hörbar. →

Es folgen Fluchtgeschichten aus Schlesien, dem kurdischen Norden Syriens und Damaskus. »Wir waren eine kleine Gruppe von vier jungen Männern, die sich schon länger mit Fluchtplänen befasst hatten«, hebt die einzige anonym eingereichte Erzählung an. Sie handelt von der Flucht über die deutsch-deutsche Grenze 1962. Zum Schluss lesen Carsten und Amel die Geschichte von Carstens Großmutter, die aus Westpreußen floh: von dem Gedränge um das letzte Schiff zur deutschen Ostseeküste; und wie erhängte Soldaten die Straßen durch die russische Besatzungszone säumten.

Den Zuhörern wurde viel zugemutet. Im Vorfeld hatten wir als Projektgruppe beschlossen, in der Anmoderation darum zu bitten, auf Applaus nach den Lesungen zu verzichten. Es sollte keine Verlegenheit entstehen, wenn einmal keinem nach Klatschen zumute wäre. Auch unterschwellige Bewertungen der Beiträge wollten wir ausschließen. Die Zuhörer setzten sich von Anfang an darüber hinweg und klatschten nach jeder Geschichte gleich stark. Es brauchte diesen Kanal für all die Emotionen. Das Bedürfnis war groß, sich gegenseitig Mitgefühl und Anerkennung auszudrücken. Zwischen den Lesungen spielten vier syrische Musiker Lieder, die einigen arabischen Gästen die Tränen in die Augen trieben. In der Pause trafen sich alle an dem großen interkulturellen Büffet, das Freiwillige vorbereitet hatten. Da feixten junge Leute miteinander auf Englisch. Da unterhielten sich Frauen mit Händen und Füßen über die Zubereitung arabischen Brotteigs. Da wurden Blicke getauscht, die von Achtung und Verständnis sprachen. Es war ohne Zweifel ein Abend der Begegnung: zwischen Menschen, die so im Alltag nicht zusammenkommen, zwischen neuen Nachbarn, zwischen Alten und Jungen, zwischen der Schwere in den Geschichten und der herrlichen Leichtigkeit im Miteinander dieser Stunden.

Begegnung als Prozess – Der Weg der Projektgruppe

Aus dem ursprünglich geplanten interkulturellen Wochenende mit mehreren Schwerpunkten ist durch die Diskussionen der Projektgruppe ein profiliertes Veranstaltungsformat geworden, das gut kommuniziert und beworben werden konnte. 15 Ehrenamtliche begeisterten sich für die Idee und arbeiteten mit, zwölf davon im Alter zwischen 25 und 40 Jahren, knapp die Hälfte konfessionslos. Etwas später kam ein Student aus Syrien dazu.

Die hochmotivierte Gruppe hat das Projekt in acht Wochen geplant und durchgeführt. Inhaltlich standen vor allem immer wieder zwei Fragen im Fokus: Was heißt überhaupt interkulturelle Begegnung? Und wie lassen sich die unterschiedlichen Lebensschicksale der gesammelten Fluchtgeschichten sensibel zusammenführen? Die Begegnung, auf die das Projekt zielte, hat so bereits auf dem Weg zur

Fotos: Henrik Bollmann

Veranstaltung begonnen. Die Gruppe diskutierte über Speisevorschriften und kulturelle Stereotype, ebenso über die Formulierung von Hintergrundinformationen zu den einzelnen Geschichten. Mit der Dolmetscherin wurde eine zweisprachige Moderation erarbeitet. Kontakte zu Ehrenamtlichen-Netzwerken in der Integrationsarbeit wurden hergestellt. Es kam zur Begegnung der Gruppe mit den eigenen Vorurteilen und Unsicherheiten, zur Begegnung mit unserem muslimischen Mitstreiter, der sich in der Debatte um den Alkoholausschank das erste Bier reservierte. Es kam zur Auseinandersetzung mit dem Fluchthintergrund der eigenen Familie und mit Fragen nach der Aufarbeitung der (DDR-)Geschichte im Oberharz.

Und schließlich machten einige von uns die besondere Erfahrung, sich den Fremden ganz nahe zu fühlen, während das eigene Umfeld fremd erscheint – in Situationen plumper Anfeindungen gegen das Projekt oder seine Beteiligten.

**Dem Fremden so nah –
Was nachhallt**

Erst im Rückblick wurde vollends deutlich, wie vielschichtig interkulturelle Arbeit ist und wie groß die Chance, die sie mit sich bringt. In der Begegnung mit dem Fremden geschieht Aufrüttelndes. Da bin ich mit meiner eigenen Geschichte gefragt.

Da werden Grenzen verschoben und vermeintliche Wahrheiten gekippt. Da bin ich plötzlich auf mich selbst zurückgeworfen und stehe infrage. Da gibt es die Chance zu wahrhaft göttlicher Begegnung (Mt 25,35) in einer neuen Gemeinschaft, die von überraschender Tiefe und herrlich lebensfroh ist.

Es wäre fatal, wenn wir als christliche Gemeinden diese Chance für uns und unsere Gesellschaft nicht erkannten und offenhielten. Dazu kommt, dass die gegenseitige Zuwendung und Gesprächsbereitschaft der Religionen in Zeiten zunehmender religiöser Indifferenz noch mehr an Bedeutung gewinnt.

Und nicht zuletzt bietet die interkulturelle Arbeit in unseren Gemeinden vor Ort ganz neue Anknüpfungspunkte für Menschen, denen unsere Kirche und unser Glaube fremd geworden sind.

*Ann-Sophie Schäfer,
Vikarin in Elbingerode*

Zurück in Deutschland – Rückkehrerseminar 2016

ZUHAUSE IN DER WELT

Ökumenisches Freiwilligenprogramm des Berliner Missionswerkes

Sabine Klingert

»In der Fremde erfährt man mehr als zu Hause«, lautet ein tansanisches Sprichwort. 20 Freiwillige zieht es jedes Jahr mit dem Berliner Missionswerk in die weite Welt und so wird diese Weisheit regelmäßig an der Realität überprüft. Die Freiwilligen sind in Projekten der Partnerkirchen des Berliner Missionswerks in Großbritannien, Italien, Kuba, Schweden, Südafrika, Tansania, Taiwan und Palästina eingesetzt und erfahren dort, wie es sich an anderen Orten leben, glauben und arbeiten lässt.

Vor 45 Jahren kam das Berliner Missionswerk – eher zufällig – zu seiner ersten Freiwilligen. Damals verlängerte eine Abiturientin spontan eine zwei-wöchige Partnerschaftsreise um ein ganzes Jahr. Seitdem wächst das Freiwilligenprogramm stetig und ermöglicht Einsätze in Diakoniezentren, Schulen, Kindergärten, Krankenhäusern und Kirchengemeinden.

Entsendungen werden allerdings heute im Gegensatz zu damals sorgfältig geplant und vorbereitet: Bereits ein halbes Jahr vor der Ausreise beginnen die gemeinsamen Vorbereitungsseminare, in denen die Freiwilligen mit entwicklungspolitischen Fragestellungen, ihren eigenen kulturellen und historischen Hintergründen und länderspezifischen Fakten konfrontiert werden.

Kuba – Julie mit der Jugendgruppe der Gemeinde

Tansania – Fanny und Verena im Matema Lutheran Hospital

Schweden – Freiwillige Lotti im Schnee

Palästina – Carlotta bei ihrer Arbeit in der Schulbibliothek

Taiwan – Lena erhält Chinesischunterricht von einer Schülerin

Etwas bewegen

Hinter der Bewerbung für einen Freiwilligendienst steckt häufig der Wunsch, die Zeit zwischen Schule und Ausbildung, Studium oder Beruf bewusst und sinnvoll zu nutzen. »Es ist eine Gelegenheit, die so schnell nicht wiederkommt. Man kann sich in ganz vielen verschiedenen Sachen ausprobieren«, sagt Clemens, der ein Jahr lang die Aktivitäten in einer kubanischen Kirchengemeinde unterstützt hat. »Jede Einsatzstelle hat zwar ein bestimmtes Profil, trotzdem sind die Aufgaben, die man dort übernimmt, so vielseitig, dass man zu einem idealen Zeitpunkt im Leben die Möglichkeit bekommt, sich zu orientieren und auch noch mal ein bisschen in sich zu gehen. Was möchte ich denn eigentlich machen? Was gibt es für Alternativen? Dafür ist das Freiwilligenjahr eine sehr, sehr gute Möglichkeit«, so Clemens weiter.

Hürden des Freiwilligendaseins

Der Abschied von zu Hause markiert für viele der jungen Menschen die erste längere Trennung von Familie und Freunden. Auf eigenen Beinen zu stehen und für sich selbst zu sorgen, stellt die Freiwilligen vor erste Hürden: »Die einfache Erkenntnis, dass wenn man nichts kauft, auch nichts zum Essen da ist, mussten wir erst lernen«, schreibt uns Till aus Südafrika. Plötzlich finden sich die Freiwilligen in einer neuen Lebenssituation wieder, in der es gilt, den Tag selbst zu organisieren und für andere Verantwortung zu übernehmen. Das Auslandsjahr ist aber auch deshalb eine große Herausforderung, weil es neben der anfänglichen Unsicherheit auch später noch manche Enttäuschung birgt.

»Als ich alleine gewohnt habe, bin ich Gefühlen und Erfahrungen begegnet, von denen ich bis dahin nur gehört, sie aber nie richtig erlebt hatte: Das Gefühl, allein zu sein«, schreibt uns eine Freiwillige. Weiter heißt es: »Ich hab mich alleine auf den Weg gemacht in dieses Abenteuer. Auch wenn es sich im ersten Moment vielleicht nicht so anfühlt, ich bin der festen Überzeugung, dass diese Bekanntschaft mit Einsamkeit gesund und gut für mein restliches Leben ist.«

Trotz intensiver Vorbereitung können Vorstellungen vom Leben im Einsatzland und Realität voneinander abweichen. Herausgerissen aus dem eigenen Lebensumfeld können Gefühle wie Einsamkeit und Unverständnis überwältigend wirken. Konflikte können unüberwindbar scheinen und das Anteilnehmen am Schicksal der Menschen zur Belastung werden.

»Bei all dem was man sieht und vernimmt, möchte man manchmal die Tür zumachen, nicht hinterfragen, sich im Schloss Europa einschließen. Es ist manchmal schmerzhaft zu sehen, aber wer sieht, versteht, und wer versteht, der kann verändern und die Veränderung sein, die er sich für diese Welt wünscht«, schreibt Elias, der in Italien seinen Freiwilligendienst in der Arbeit mit Geflüchteten absolviert. Trotz schwieriger Gefühle, die zu einem Freiwilligenjahr dazu gehören, möchte kaum ein Zurückgekehrter die Erfahrung missen. →

Schweden – Anna bei einer Rüstzeit der Jugendgruppe

Tansania – Fanny und ihre Freundin Elizabeth beim Kochen

Kuba – Marie bei ihrer Arbeit im Wasserprojekt der Kirchengemeinde

Ertrag der Partnerkirchen

Aber was haben Menschen in den Projekten davon, wenn jedes Jahr eine neue Freiwillige aus Deutschland kommt, um von den Menschen vor Ort zu lernen? Freiwillige verursachen für unsere Partner zunächst einmal vor allem eines: Arbeit. »Man denkt: Ich gehe als Freiwillige dahin, um zu helfen oder etwas zu bewegen. Dann kommt man an und merkt: Ich weiß ja eigentlich selber nichts, ich kenne die Sprache nicht, ich kenne das Land nicht, ich kann nicht unterrichten, ich muss das alles erst mal lernen. Man ist schon sehr darauf angewiesen, dass man dort auf Menschen trifft, die Lust auf dieses Projekt haben. Ich hatte Glück, die Menschen in Talitha Kumi waren sehr offen«, schreibt eine Freiwillige.

Freiwillige sind keine ausgebildeten Fachkräfte, und auch wenn sie vom Berliner Missionswerk entsandt werden, keine Missionare. Freiwillige bringen vor allem Zeit mit. Sie teilen Freude, Leid, Ängste und Hoffnungen mit den Menschen, denen sie begegnen. Sie sind Zuhörer, geben praktische Unterstützung und bringen natürlich auch neue Impulse in die Projekte der Partner ein.

Wer von einem Jahr in Südafrika, Tansania oder Kuba zurückkommt, für den bleiben Themen wie Ökumene, Entwicklungspolitik oder globale Gerechtigkeit wichtige Themen. Das Freiwilligenjahr hinterlässt bei jedem einzelnen Spuren und es ist unmöglich wegzuhören, wenn man Neuigkeiten aus dem Einsatzland hört. Viele Freiwillige übernehmen später in ihrer Berufslaufbahn verantwortungsvolle Aufgaben in ganz verschiedenen gesellschaftlichen und kirchlichen Bereichen. Sie werden durch die Erfahrungen im Gastland für eine Vielzahl von Themen sensibilisiert und beziehen dazu Stellung. Eine große Anzahl engagiert sich nach der Rückkehr in Vereinen oder Organisationen.

Was bleibt

Häufig reisen die Freiwilligen mit schwerem Gepäck zurück nach Deutschland, gefüllt mit Eindrücken, mit Erinnerungen an positive und negative Erlebnisse, mit neuen Ansichten, Perspektiven und angereichertem Wissen. »Mich hat nach meiner Rückkehr die Frage beschäftigt, was mir das Jahr gebracht hat, was daraus jetzt wird, kann ich es weiter nutzen? Oder war das einfach ein Jahr

in Palästina und jetzt geht das Leben weiter?«, erzählt Louisa. »Mit der Zeit merke ich aber, dass ich gelernt habe, noch offener auf Menschen zuzugehen und dass ich politische Konflikte besser nachvollziehen kann.«

Das Freiwilligenjahr berührt die Freiwilligen, es stellt sie auf die Probe, aber es ermöglicht ihnen auch an Übergängen und an Brüchen zu lernen und weckt den Wunsch, sich langfristig zu engagieren. »Langfristig geprägt hat mich, dass ich die Ökumene als ein wichtiges Thema für mich entdeckte. Ich studiere jetzt Theologie in Berlin, habe gerade zwei Semester in Beirut studiert, und langsam setzt sich bei mir ein Bild zusammen, wie die Vielfalt des christlichen Lebens weltweit aussieht«, erklärt Jonathan, der in Südafrika war.

Ihre Gemeinden begegnen nach der Rückkehr ökumenisch versierten und interessierten jungen Menschen, die Impulse aus der Partnerkirche einbringen und ihre Erfahrungen in kirchliche Gruppen weitertragen können. Das Leben in einem völlig anderen Kontext verschafft neue Perspektiven, sowohl für den Blick auf die Heimat, die man für ein Jahr zurücklässt, als auch auf die neue »Heimat auf Zeit«. Die Erfahrungen aus diesem Lebensjahr prägen die Freiwilligen nachhaltig – sie erleben sich selbst als Teil einer großen Christenheit. »Für mich, mein theologisches Denken, mein Gebets- und Glaubensleben war dieses Jahr in Tansania nachhaltig prägend. Ich kann spätestens seither Christentum nur noch weltweit und im Grunde auch nur noch ökumenisch denken«, so Carsten Bolz, 1986 Freiwilliger des Berliner Missionswerks in Tansania und heute Superintendent des Kirchenkreises Charlottenburg-Wilmersdorf. »Ich bin von meinem hohen europäischen Ross heruntergestiegen, […] mein Weltbild ist vom europäischen Kopf auf afrikanische Füße gestellt worden«, sagt er im Rückblick.

Weitere Informationen für Interessierte unter
https://www.berliner-missionswerk.de/freiwilligenprogramm.html

Sabine Klingert hat Literatur- und Sozialwissenschaft studiert und arbeitet als Verantwortliche für das Freiwilligenprogramm des Berliner Missionswerkes.

»Sein Haus hat offene Türen«

Kirchengemeinden als Heimat in einer mobilen Gesellschaft

Gerald Kretzschmar

Sowohl die allgemein geforderte als auch die faktisch gelebte Mobilität bewegt sich in unserer Gesellschaft schon seit vielen Jahren auf einem hohen Niveau. Die Entfernungen, die Menschen zwischen Wohnsitz und Arbeitsplatz alltäglich zurückzulegen haben, steigen genauso wie die Zahl ausbildungs- oder berufsbedingter Umzüge und Wohnortwechsel. Damit steht das **Mobilitätsthema** in einer Reihe mit Prozessen der Individualisierung, Pluralisierung sowie der funktionalen und sozialen Differenzierung, die die Strukturen moderner Gesellschaften kennzeichnen.

Unter den Bedingungen dieser gesellschaftlichen Strukturen findet auch das kirchliche Leben statt. *Inwieweit können die Kirche im Allgemeinen und konkrete Kirchengemeinden im Speziellen den Menschen in einer mobilen Gesellschaft eine Heimat bieten?*

Diese Frage stellt sich umso nachdrücklicher, als das gesellschaftliche Erscheinungsbild der Kirche weniger durch Aspekte der Mobilität als vielmehr durch Phänomene der Örtlichkeit und Ortsstabilität geprägt ist.

Das Kirchengebäude vor Ort, die für den Wohnort zuständige Gemeindepfarrerin/der Gemeindepfarrer, die sonntäglichen Gottesdienste und die in den gemeindeeigenen Räumen regelmäßigen stattfindenden Kreise – all das steht für kirchliche Präsenz, die unmittelbar am Wohnort lokalisiert ist und mit den alltäglichen und biografischen Mobilitätserfordernissen nur schwer oder auch gar nicht vereinbar zu sein scheint.

Kirche unterwegs

Sollte sich die gesellschaftliche Präsenz der Kirche nicht viel stärker an der mobilen Lebensführung der Menschen orientieren? Wäre es nicht bedenkenswert, zum Beispiel noch mehr Autobahnkirchen zu bauen, noch mehr Andachtsräume in Bahnhöfen und Flughäfen zu schaffen, um den Menschen auf ihren alltäglichen Wegen Orte kirchlicher Beheimatung zu bieten? Und könnten die finanziellen und personellen Mittel dafür nicht leicht durch den Rückbau der lokalen kirchlichen Strukturen in den Parochialgemeinden zur Verfügung gestellt werden?

Aus der Sicht der Kirchenmitglieder scheint eine Schwächung der lokalen Präsenz von Kirche zugunsten mobiler Formen kirchlicher Präsenz kein Weg zu sein, der die kirchliche Beheimatung der Menschen fördert. Im Gegenteil: Statistische Detailauswertungen der aktuellen EKD-Kirchenmitgliedschaftsuntersuchung »Vernetzte Vielfalt« zeigen, dass die Befragten auch unter den Bedingungen einer mobilen Gesellschaft Kirche sehr stark mit lokaler Präsenz am eigenen Wohnort verbinden.

So wurde in der aktuellen Kirchenmitgliedschaftsuntersuchung danach gefragt, woran man bei dem Stich- ➜

Bei allen drei Mobilitätsgruppen stehen die Themenfelder

Kasualien, Gottesdienst, diakonisches Handeln und Wertevermittlung

sowohl in Bezug auf die Begründung der eigenen Kirchenmitgliedschaft
als auch auf die Erwartungen, die an die Kirche gerichtet werden, an vorderer Stelle.

wort »Evangelische Kirche« spontan denke. An erster Stelle wurden diverse Kasualien und der Gottesdienst genannt, aber auch das Kirchengebäude vor Ort. Auf die Bitte, spontan Personen zu nennen, die man mit der evangelischen Kirche in Verbindung bringe, wurden an erster Stelle die Ortspfarrerinnen und -pfarrer genannt. Und das sehr häufig mit Nennung des Namens. Damit scheint den Kirchenmitgliedern die Kirche vor allem durch ihre ortsbezogene gottesdienstliche Praxis und die pastorale Präsenz im Bewusstsein zu sein.

EKD-Umfrage zur Verbundenheit mit der Kirche

Gestützt wird die hohe Relevanz des kirchlichen Ortsbezugs durch die Antworten auf die Frage nach der Verbundenheit mit der Kirche. Sowohl in Bezug auf die Verbundenheit mit der evangelischen Kirche im Allgemeinen als auch mit der Kirchengemeinde am Wohnort im Speziellen geben insgesamt 69% der Befragten an, sich mit der Kirche verbunden zu fühlen (hier wurden die Ergebnisse zu den Antwortvorgaben »sehr verbunden«, »ziemlich verbunden« und »etwas verbunden« zusammengefasst). In Bezug auf die Verbundenheit mit der Kirchengemeinde vor Ort ist es bemerkenswert, dass die Antwortvorgabe »sehr verbunden« mit 23% deutlich mehr Zustimmung erhält als im Fall der Verbundenheit mit der evangelischen Kirche im Allgemeinen, wo 16% angeben, sich »sehr verbunden« zu fühlen.

Doch welches Bild ergibt sich vom Zusammenhang zwischen Kirchenbindung

und Ortsbezogenheit, wenn man die Daten differenziert nach unterschiedlichen Mobilitätsgraden der Befragten betrachtet? Um die Zusammenhänge zwischen bestimmten Mobilitätsgraden und den Konturen der Kirchenbindung in den Blick zu bekommen, lassen sich die Befragten der aktuellen Kirchenmitgliedschaftsuntersuchung in drei Teilgruppen gliedern: Personen, die noch nie den Wohnort gewechselt haben (niedrige Mobilität: 30%; N=597); Personen, die ein bis zwei Mal an einen anderen Ort verzogen sind (mittlere Mobilität: 36%; N=732); und Personen, die im Laufe ihres Lebens mindestens drei Mal oder häufiger umgezogen sind (hohe Mobilität: 33%; N=687).

Einschränkend muss zu dieser Bildung unterschiedlicher Mobilitätsgruppen gesagt werden, dass hier lediglich Formen residenzieller, das heißt auf die Zahl von Wohnortwechseln bezogener Mobilität in den Blick kommen. Aussagen darüber, wie sich zirkuläre Mobilität, d.h. im Alltag verortete Mobilität zum Beispiel von Berufspendlern, auf die Kirchenbindung auswirkt, können im Rahmen der EKD-Umfrage nicht getroffen werden. Items, die sich auf Formen zirkulärer Mobilität beziehen, waren im Fragebogen nicht vorhanden. Doch schon die Ergebnisse zur residenziellen Mobilität sind bemerkenswert.

Ergebnisse der Umfrage

So könnte man zum Beispiel vermuten, dass mit steigender Mobilität die Verbundenheit zur Kirche im Allgemeinen, besonders aber die Verbundenheit mit der Ortsgemeinde abnimmt. Aber dem

ist nicht so. Die Werte, die die Hochmobilen in Bezug auf ihre Verbundenheit mit der Kirchengemeinde vor Ort aufweisen, entsprechen in etwa dem Durchschnitt; am höchsten liegen die Werte bei der Gruppe der Mittelmobilen. Sehr bis etwas mit der Ortsgemeinde verbunden sind die Niedrigmobilen zu 66,7%, die Mittelmobilen zu 70,8% und die Hochmobilen zu 68,4% (Durchschnitt 68,8%). Offenbar spielt der Ortsbezug für kirchlich orientierte Religiosität ganz unabhängig vom Mobilitätsgrad eine bedeutende Rolle. In der Tendenz scheint der Ortsbezug bei höherer Mobilität sogar etwas an Bedeutung zu gewinnen.

Auffallend ist weiter, dass es sowohl bei den Mitgliedschaftsgründen als auch bei den Erwartungen an die Kirche kaum Unterschiede zwischen den drei Mobilitätsgraden gibt. Bei allen drei Mobilitätsgruppen stehen die Themenfelder Kasualien, Gottesdienst, diakonisches Handeln und Wertevermittlung sowohl in Bezug auf die Begründung der eigenen Kirchenmitgliedschaft als auch auf die Erwartungen, die an die Kirche gerichtet werden, an vorderer Stelle. Hervorzuheben ist hier die Tatsache, dass die Gruppe der Mittelmobilen tendenziell die höchsten Zustimmungswerte aufweist, während sie bei der Gruppe der Niedrigmobilen am geringsten ausfallen. Mittel-, aber auch hochmobile Befragte, so könnte man deren höhere Zustimmungswerte interpretieren, scheinen ein etwas größeres Interesse am kirchlichen Leben zu haben als Niedrigmobile.

Schließlich ergeben die Antworten auf Fragen nach dem Kontakt mit einer Pfarrerin bzw. einem Pfarrer sowie auf die Frage nach der Beteiligung am

Vielleicht zählen die Kirchengemeinden, indem sie diese

Räume der Beheimatung

bieten, gerade zu den gesellschaftlichen Größen, die es ermöglichen,
im Alltag und in der Biografie ein hohes Maß an Mobilität zu leben.

kirchlichen Leben – abgesehen vom Gottesdienst – ein interessantes Bild. Sowohl hinsichtlich des Kontakts zu einer Pfarrerin/einem Pfarrer im vergangenen Jahr als auch hinsichtlich der Beteiligung am kirchlichen Leben liegen die Werte der ortsstabilen Befragten unter dem Durchschnitt und im Vergleich mit der Gruppe der Mittel- und Hochmobilen am niedrigsten. Es sind wieder die Befragten, die sich durch eine mittlere Mobilität auszeichnen, die die höchsten Werte aufweisen. Die Hochmobilen liegen auch hier wieder im Durchschnitt. Abermals zeigen die Daten, dass Ortsgebundenheit nicht zwingend mit einem Mehr an kirchlichen Kontakten vor Ort einhergeht und dass zunehmende Mobilität die kirchlichen Kontakte am Wohnort nicht reduziert.

Heimat Kirchgemeinde

Wie steht es nun um die Frage, ob und auf welche Weise Kirchengemeinden in einer modernen mobilen Gesellschaft Heimat bzw. Beheimatung bieten können? Zur Beantwortung dieser Frage scheint es lohnend zu sein, den Zusammenhang zwischen kirchlich orientierter Religiosität und Mobilität in den Kontext neuerer sozialwissenschaftlicher Forschungsergebnisse über das Wechselspiel von Mobilität und Identität zu stellen. Diese Forschungsergebnisse zeigen, wie der Stadt- und Regionalsoziologe Maik Hömke darlegt, dass trotz des hohen Maßes an Mobilität und stetiger Zunahme individueller Lebensformen bei den Indentitätskonstruktionen kein Wandel in Richtung einer mobilen Identität festzustellen sei. Im Gegenteil: Die

lokale Identität werde durch eine immer höhere Mobilität zusätzlich verstärkt.

Tendenziell stützen die Befunde der Kirchenmitgliedschaftsuntersuchung diese These. Sowohl die Tatsache, dass die subjektive Verbundenheit mit der Ortsgemeinde bei den Hoch- und mehr noch bei den Mittelmobilen über den Werten der Niedrigmobilen liegt, als auch der Sachverhalt, dass Hoch- und Mittelmobile bei den Mitgliedschaftsgründen und bei den Erwartungen gegenüber der Kirche deutlich höhere Zustimmungswerte bekunden, deuten in diese Richtung. Schließlich rangieren bei den Mitgliedschaftsgründen und bei den Erwartungen gegenüber der Kirche neben den ortsunabhängigen ethisch-diakonischen Aspekten auch dezidiert ortsbezogene Aspekte weit oben. Zu nennen sind hier zum Beispiel die Themenfelder Kasualien, die gottesdienstlich-liturgischen Angebote sowie die pastorale Arbeit.

Mit diesen Themenfeldern kommt das breite Spektrum kirchlicher Arbeit in den Blick, wie es nach wie vor weitgehend flächendeckend von den Kirchengemeinden und Pfarrämtern gepflegt wird. Dieses Spektrum steht für eine Vielzahl lokal verorteter und auf die Person der Ortspfarrerin bzw. des Ortspfarrers bezogener bindungsrelevanter Anknüpfungspunkte. Diese eröffnen einer in hohem Maße individualisierten, pluralisierten und sozial ausdifferenzierten Mitgliederschaft Räume kirchlicher Beheimatung, die der eigenen Lebenssituation und Lebensgeschichte Rechnung tragen. Vielleicht zählen die Kirchengemeinden, indem sie diese Räume der Beheimatung bieten, gerade zu den gesellschaftlichen Größen, die es ermögli-

chen, im Alltag und in der Biografie ein hohes Maß an Mobilität zu leben. In der modernetypischen Dialektik von lokaler und mobiler Identität scheint kirchlich orientierte Religiosität bis zum gegenwärtigen Zeitpunkt recht eindeutig zu den lokalen Faktoren der Identitätsbildung zu zählen. In dieser Hinsicht bieten die Kirchengemeinden vor Ort den Menschen eine Form der Beheimatung, die nicht unterschätzt werden sollte.

Gerald Kretzschmar ist Professor für Praktische Theologie mit den Schwerpunkten Homiletik, Liturgik und Kirchentheorie an der Eberhard Karls-Universität Tübingen.

Was ist für mich Heimat?

Ein Biografieprojekt mit Ehrenamtlichen

Angelika Schmidt

Die Idee

Als ich 2014 über das Thema meines Biografieprojektes nachdachte, war die Frage der Migration nicht so virulent wie heute. In Hamburg-Bergedorf, dem Stadtteil, in dem ich lebe und als Pastorin arbeite, gehören Menschen mit Migrationshintergrund dazu. Es wird zum Beispiel sichtbar in der Moschee, die Teil des Einkaufszentrums ist, das vor gut 10 Jahren erweitert wurde. Aussiedler aus Kasachstan, Sibirien oder Kaukasien leben seit über 20 Jahren in unserem Stadtteil. Einige der älteren Generation sind regelmäßig im evangelischen Gottesdienst. Natürlich gibt es in Bergedorf auch Flüchtlinge: alte aus Pommern, der Ostmark oder dem Memelland und neue aus Afghanistan, Pakistan oder dem Iran, heute natürlich vor allem aus Syrien. Sie alle und natürlich die alteingesessenen Bergedorfer sollten in unserem Biografieprojekt zu Wort kommen und ihre Antwort auf die Frage nach der Heimat geben. Wir haben versucht, die verschiedenen Generationen mit unserer Frage zu erreichen, um die Unterschiedlichkeit und die Subjektivität des Heimatbegriffs in den Erzählungen einzufangen.

Was ist für Dich Heimat?

Heimat ist nicht immer ein Ort und schon gar nicht ausschließlich der, in dem ich geboren bin. Mit dieser These haben wir begonnen und über 50 Geschichten gesammelt, die zeigen, was Heimat sein und wie der Begriff gedeutet werden kann. Die Frage nach der Heimat spielt für mich als Pastorin bei meinen Hausbesuchen eine Rolle. »Wo kommen Sie denn her?«, werde ich oft gefragt. Oft war ich um

eine einfache Antwort verlegen, da es für mich nicht den einen Heimatort gibt. Mit diesem Projekt konnte ich für mich selbst klären, wie ich mich verorte und was meine Antwort heute ist. So ist es auch einigen Interviewpartnern gegangen, die uns ihre Biografie erzählt, ihre Heimat gedeutet und sich für eine Antwort entschieden haben. Heimat ist kein biblischer Begriff und doch spielt der Glaube für die eine Rolle, die in Gott eine bewegliche Heimat haben – auf ihren Wegen und am Ende aller Wege. An dieser Stelle möchte ich einige Teilnehmende aus unserem Buch zu Wort kommen lassen: »Meine Heimat ist doch irgendwie ein Gefühl. Das Gefühl von Geborgenheit, Sicherheit, von endlich angekommen sein. Man selbst sein dürfen«, sagt eine Anfang Zwanzigjährige, die in unserem Projektteam mitgearbeitet hat und zum Praktikum in Hamburg war. »Heimat ist für mich ein Geschenk von Gott«, sagt eine junge Frau, die aus Afghanistan geflohen ist und jetzt als anerkannte Asylbewerberin in Deutschland einen Weg in das Berufsleben sucht. »Entscheidend ist für mich (…) ein Fleckchen Erde, auf dem ich schalten und walten kann, Blumen pflanzen, Beete herrichten und gestalten kann: ein Stück Garten«, sagt eine ältere Frau, die in Hinterpommern geboren wurde und erlebt, wie die Familie über den Verlust der Heimat ein Leben lang trauert.

Wie hat das Projekt begonnen?

Es galt zwei Gruppen von Personen zu finden: die, die das Biografieteam bilden und die, die bereit sind zu einem biografischen Interview. Nach sechs Wochen konnte ich mit neun Ehrenamtlichen starten. Die Jüngste war Anfang 20 und die

Älteste 85 Jahre alt. Das war eine gute Mischung für ein Projekt, das generationsübergreifend angelegt war. Der erste Schritt war, die Ehrenamtlichen in die Lage zu versetzen, biografische Interviews mit Menschen zu führen, die sie erst bei dieser Gelegenheit kennenlernen. Es ging darum, wie man ein Gespräch führt und so das Vertrauen entsteht, damit sich das Gegenüber öffnet und bereit ist, seine Lebensgeschichte zu erzählen. Da das Buch verkauft werden sollte, brauchten wir auch Fachleute, die uns ins Schreiben und Redigieren von Texten hineinhalfen. Dazu gehörte die Rahmung der Geschichte, das Kürzen auf eineinhalb A4-Seiten und die Fokussierung auf den Kern der Erzählung. Der dritte Schritt bestand in der Finanzierung des Projektes durch Eigenmittel und durch Drittmittel. Etwa 4000 Euro für Grafik und Druck mussten als Vorfinanzierung aufgebracht werden, die teilweise durch den Erlös wieder eingespielt wurden. Begonnen haben wir mit unseren eigenen Heimatgeschichten. Das hat eine sehr persönliche Atmosphäre geschaffen und uns gleich in die Bandbreite der Deutungsmöglichkeiten geführt, die das Thema Heimat umfasst.

Nicht nur Worte erzählen, sondern auch Bilder

Da der Text durch Bilder unterstützt werden sollte, haben wir im Biografieteam nach einer Schule gesucht, deren Kunstkursleiterin Interesse hatte, mit ihren Schülerinnen und Schülern einige der Geschichten zu illustrieren. Das ist gelungen. Die Schüler, selbst zu 50 Prozent mit Migrationshintergrund, waren sehr offen für das Thema Heimat. Jeder hat sich »seine« Geschichte herausgesucht und mit einem Bild illustriert.

Werbung

Diejenigen, die sich interviewen lassen wollten, haben wir durch einen Artikel in unserer kostenlosen Stadtteilzeitung gewonnen, durch die Nachfrage in Gemeindekreisen der Kirchengemeinden und durch persönliche Werbung in unseren Stadtteilgruppen. Die Interviewpartner haben uns als Biografieteam offen aus ihrem Leben erzählt. Wir waren sehr berührt von der Kraft, die manche Menschen haben, um harte Zeiten, wie Flucht und Vertreibung es sind, zu überstehen. Zum Abschluss luden wir alle Beteiligten und die Öffentlichkeit zu einer Präsentation ein. Hauptteil der Präsentation war die Würdigung der Erzähler – alle bekamen ein Buch geschenkt, aber auch das Biografieteam wurde gewürdigt. Die Phasen des Projektes wurden vorgestellt und aus dem Buch gelesen. Viele der Bücher wurden an diesem Abend verkauft, die übrigen Exemplare lagen in zwei Buchhandlungen aus. Das Buch habe ich anschließend auch in Gemeindekreisen, Stadtteilgruppen und im Seniorenzentrum vorgestellt: Ich bin überall mit den Menschen gut über die Geschichten ins Gespräch gekommen.

Fazit

Das Thema Heimat ist ein persönliches Thema, zu dem jeder etwas mit seiner eigenen Geschichte beitragen kann, das aber auch eng verknüpft ist mit dem politischen Zeitgeschehen. Es trägt etwas zu dem gegenseitigen Verständnis der vielen verschiedenen Mitglieder unserer Gesellschaft bei, wenn wir die Frage »Was ist für Dich Heimat?« stellen und wir die individuellen Antworten innerhalb der persönlichen Lebensgeschichte verstehen. Im Erzählen vergewissern sich Menschen, wer sie sind, wo ihr Platz ist, was jetzt Heimat ist und von wo aus es sich lohnt, weiterzumachen. Rückblickend deuten und ordnen sie ihre Lebenserfahrung. Das zu unterstützen war uns als Team ein Anliegen. Wir sind mit Menschen im Stadtteil auf eine sehr persönliche Weise in Kontakt gekommen.

Das Buch, das aus dem Projekt entstanden ist, trägt den Titel »Hier darf ich sein«. Auch haben wir einen Leitfaden zur praktischen Durchführung entwickelt. Dieser ist per E-Mail zu bestellen unter: BiografiewerkstattFarBe@yahoo.de.

Angelika Schmidt ist in Hamburg Projektpastorin im Bereich Seelsorge im Alter im Kirchspiel Bergedorf.

SPOT AN!

Thomas Perlick

Plötzlich sind sie da. Ein kleiner Bus voller Schicksale. Ankunft Römhild: Zwei Berge, eine kleine Stadt und Menschen, die sich freuen oder fürchten.

Plötzlich sind sie da. Sie stehen ein bisschen verloren vor dem Haus in der Meininger Straße. Die Wäsche in blauen Säcken, zu dünn für den deutschen Herbst vor dem deutschen Winter. Eltern, die sich hüten und Kinder, die sich noch nicht trauen. Sie warten auf ein Dach über dem Kopf und wir warten auf unseren Mut. Es sind nur wenige Schritte zu ihnen hin. Wenige Schritte und drei Welten. Sie hoffen. Wir zögern.

Aber plötzlich ist da dieser seltene Moment, in dem die Zeit ihr Geheimnis preisgibt: Alles wird Gegenwart. Die Welt eine Bühne und der Beleuchter ruft: Alles Licht nur auf die Eine! Die Scheinwerfer drehen bei und bündeln sich zu einem einzigen Strahl. Nun sehe ich das Mädchen: Schwarzes Haar und Sterntaleraugen. Ich gehe in die Hocke, breite die Arme aus und sie beginnt zu laufen. Die Wolken haben sich einen Spalt weit geöffnet. Alle Sonnen der letzten Wochen vereinen sich für diesen einen Moment. Die Sonne über dem syrischen Dorf, aus dem die Kleine stammt. Die Sonne über dem Boot, das irgendwann nur noch aus Schlagseiten bestand. Die Sonne im Gesicht des italienischen Soldaten, der das Mädchen aus dem Wasser zog. Die Sonne über dem ersten Lager, dem langen Weg und über Mühlhausen. Alle Sonnen vermählen sich für diesen einen Zeigefinger aus Licht, in dem die Kleine auf mich zuläuft.

Sie ist nicht älter als der Junge am Strand. Der tote Junge, wie schlafend. Der stumme Junge auf einem Foto, das schreit. Sie ist nicht kleiner, nicht größer, nicht kostbarer. Aber sie lebt. Alles Licht auf die Eine! Ich hebe sie hoch und sage: »Hallo! Es ist so schön, dass du lebst!« Sie kennt meine Sprache nicht, aber sie versteht, was ich sage, weil sie es fühlt. Die Sprache des Herzens ist ein Esperanto.

Sie hüpft wie ein Wildpferd zu den Anderen zurück. Plötzlich stehen sie alle in der Sonne. Kleine Botschafterin des Lichts in meiner Stadt. Es ist so schön, dass du lebst!

Und du, wer immer du seist – wo stehst du? Ich weiß nicht, was dir Sorgen macht oder Furcht oder Befremden. Ich weiß nur eines: Es ist jetzt nicht wichtig, was du denkst. Es zählt nur noch, was du tust. Du brauchst nicht mal dein Geld dazu, um das du viel zu schnell besorgt bist. Du brauchst dein Auto nicht und nicht deine Südseereise. Was du aber brauchst, sind helfende Hände und ein Herz, das sich einfühlen will. Wenn du ihnen begegnest in der Stadt, dann wechsle nicht die Straßenseite! Geh auf sie zu und sag: »Hallo!« Sie verstehen dich, auch ohne Worte. Bevor sie die Sprache lernen, buchstabieren sie »Vertrauen«. Und dabei kannst du ihnen helfen. Also: Geh auf sie zu und warte auf das Licht! Ich weiß, dass es kommt. Ich habe es erlebt.

Und jetzt: Alles Licht auf die Eine, den Einen! Wer das ist, das wirst du schon herausfinden. Spot an!

.... Mit dieser Aktion zur Begrüßung und dem Text dazu begann es damals. Eine Begegnung, der viele folgen sollten. Im Vorfeld die verständliche Aufregung und die unverständlichen Vorurteile. Flüchtlinge in Römhild: Die Gärten werden geplündert, sagte man, die Frauen sind nicht mehr sicher, sagte man auch. Gerüchte hatten Hochkonjunktur, Geschichten wurden gestreut. Es kam alles ganz anders. Gott sei Dank!

Ende August 2015 trafen sie ein. Wenige Familien, die inzwischen in Wohnungen untergebracht sind. Viele junge Männer aus Afghanistan. Ein Unterstützerkreis wurde gegründet,

bunt gemischt: Kirchgemeinde, Frauen, Männer unterschiedlichster Vereine und Parteien. Arbeitsgruppen wurden gebildet, die schnell tätig wurden: Freizeit, Sprache, Kleiderkammer, Öffentlichkeitsarbeit, Hilfe in Notfällen.

In mehreren Durchgängen begann der Sprachunterricht, ehrenamtlich verantwortet durch Lehrer, die meisten von ihnen schon im Ruhestand. Die Kirchgemeinde stellte den Gemeinderaum im Pfarrhaus zur Verfügung und übernahm die Nebenkosten. Es bildeten sich Lerngruppen zur Nachhilfe in den Häusern, aus denen sich Patenschaften und Freundschaften entwickelten. Sie haben sich als besonders kostbar erwiesen.

Jetzt, nach gut einem Jahr, zeigen sich die Früchte dieser Arbeit. Einige der Flüchtlinge können sich schon ziemlich gut auf Deutsch verständigen, haben Vertrauen gefasst und Familienanschluss gefunden.

Auch bei unserer »Vierergruppe« in der Pfarrwohnung ist das so. In diesem Sommer →

sind wir mit ihnen und einem unserer Söhne in den Sommerurlaub ans Stettiner Haff gefahren, ein sehr intensives und eindrückliches Miteinander.

Neben der Sprachvermittlung ist die Arbeit in der Kleiderkammer ein zentraler und bleibender Zweig des Engagements geworden. Glücklicherweise werden immer wieder gute Kleidungsstücke abgegeben, auch Geschirr und Besteck, Kleinmöbel und mehr. Zudem ist die Kleiderkammer ein wöchentlicher Treffpunkt, an dem man einander begegnen, ins Gespräch kommen und spielen kann. Sie ist nicht nur für Flüchtlinge, sondern für alle geöffnet, die Interesse oder Bedarf haben.

Seit dem Sommer geht es zunehmend darum, für die Flüchtlinge eine Arbeit zu finden. Trotz zufriedenstellender Deutschkenntnisse bei einer größeren Zahl von ihnen, gestaltet sich das schwierig. Auch die engagierten Helfer stoßen hier schnell an ihre Grenzen. So bleibt es oft bei Praktika, die nicht zur Anstellung führen.

Die tätige Beteiligung von Mitgliedern der Kirchgemeinde vor Ort beschränkt sich auf eine relativ kleine Zahl. Manche fragen zuweilen wohlwollend nach, beteiligen sich auch sporadisch mit Sachspenden, halten aber ansonsten Abstand. Die wenigen in dieser Arbeit engagierten Christen hier vor Ort wiederum sind über die Maßen und bis an die Belastungsgrenze eingebunden.

Eine große Freude war für uns der Besuch der Landesbischöfin in der Gemeinschaftsunterkunft und im Helferkreis. Das ist für uns, wie andere spürbare Wertschätzungen, auch aus dem Kirchenkreis, ermutigend gewesen. Auch die finanzielle Unterstützung der Landeskirche, bspw. bei der Anschaffung einer Tischtennisplatte und von Arbeitsmaterialien für die Sprachkurse, hat uns sehr geholfen.

Aus der ursprünglich zahlenmäßig großen Initiative »WIR – Willkommen in Römhild« ist ein kleiner Stamm fest eingebundener, treuer Mitarbeiter geworden, der hohes Vertrauen bei den Flüchtlingen genießt und in vielerlei Hinsicht zu helfen versucht. Die Kirchgemeinde stellt nach wie vor Räume, Technik und eine kleine, aber wichtige und an vielen Stellen auch tragende Zahl fleißig arbeitender Ehrenamtlicher, die seit langem die Erfahrung machen, wie bereichernd und verbindend diese Tätigkeit ist. Es sind Freundschaften entstanden, die bis in die Familien hinein wirken, den Horizont weiten und die Geschwisterlichkeit und Mitmenschlichkeit von der verbalen, auf die gelebte Eben heben. Das erfahren zu dürfen ist eine Gnade Gottes.

Thomas Perlick ist Gemeindepfarrer in Römhild (Evangelischer Kirchenkreis Meiningen).

in: Die Christenlehre 30/1977, S. 293 und 296

FESTE IN DER GEMEINDE UND IN DER FAMILIE

Zwei Wege bieten sich an, um im Raum der Gemeinde die Feier (den Gottesdienst) zum Fest zu erweitern: Weg 1 besteht darin, dass bestimmte Festelemente in die Feier selber eingebracht werden, dass also das starre Ritual beispielsweise durch Spielräume für spontanes Handeln aufgelockert … wird. Weg 2 besteht darin, dass die Feier – wie dies ja auch bei einer Hochzeit der Fall ist – in ein umfassenderes Festgeschehen eingebettet wird …

Gemeindefeste könn(t)en für die Familienfeiern bedeutsam werden … als Auszug in die größere Gemeinschaft: Beispielsweise weil die Konfirmationsfeier in der Familie von vielen Konfirmanden als ein Muss-Fest erlebt wird, … machte man den Familien der Konfirmanden ein Angebot zum gemeinsamen Feiern im Rahmen der Gemeinde. Gemeinsames festliches Kaffeetrinken – also mit Spielen, Geschichten und Musik – am Nachmittag im Gemeinderaum für die Familien und ihre Gäste; am Abend dann ein Beisammensein für die Jugendlichen am gleichen Ort …

Familienfeste können in der Gemeinde gefeiert werden. Und Gemeindefeste können zu Familienfesten werden. Karl-Heinz Bieritz

ÖKUMENISCHES ZENTRUM CHRISTUSKIRCHE
Beethovenplatz - Frankfurt - Westend

»Eins Sein in Christus« in Deutschland

Interview mit Pfarrerin Gisela Egler-Köksal,
Ökumenisches Zentrum Christuskirche, Frankfurt/M.

Wie kam es, dass mehrere, auf den ersten Blick einander fremde Gemeinden, ihr Zuhause im Ökumenischen Zentrum Christuskirche gefunden haben?

Am Anfang stand ein »Evangelisch-kirchlicher Hilfsverein«, der vor 1883 von Ernst Moritz von Bernus, einem wohlhabenden engagierten Christen, gegründet wurde, um die damals noch nicht eingemeindeten, schnell wachsenden Außenbezirke Frankfurts kirchlich zu versorgen. Der Verein wuchs, baute zwei Kirchen, stellte Vereinsgeistliche und Stadtmissionare ein. Wichtig war es von Anfang an, die konfessionellen Grenzen zu überwinden. Damals waren lutherische und reformierte Gemeinden streng voneinander getrennt, während in den Gottesdiensten der beiden Kirchen des Hilfsvereins »konfessionelle Milde« (heute würden wir sagen: »ökumenische Offenheit«) galt, die Überwindung von Gemeinde- und Schichtgrenzen.

Die Christuskirche wurde 1944 im Krieg zerstört und danach nur provisorisch aufgebaut. Nach dem zweiten Weltkrieg fanden Flüchtlinge aus den deutschen Ostgebieten hier eine geistliche Heimat. 1978 wurde die Christuskirche als Ökumenisches Zentrum wieder aufgebaut. Im Ökumenischen Zentrum Christuskirche sind zurzeit neben der deutschsprachigen Personalkirchengemeinde Christus-Immanuel, die Serbisch-orthodoxe Gemeinde Frankfurt a. M., die Evangelische Oromo Gemeinde aus der Tradition der äthiopischen Kirche Mekane Yesus und eine christliche chinesische Gemeinde beheimatet, außerdem einige Gruppen und Initiativen. Die Arbeit der Personalkirchengemeinde und die Gebäudeunterhaltung werden vom Evangelischen Regionalverband und mit Mitteln des Evangelisch-Kirchlichen Hilfsvereins getragen.

Die Personalkirchengemeinde hat im Moment knapp 200 Mitglieder. Etwa ¼ davon sind auch oromosprachig. Im Kirchenvorstand (7 Mitglieder) sind 2 Mitglieder deutsch- und oromosprachig, sie sind in beiden Kulturen und Sprachen beheimatet.

Philip Potter, 1978 Generalsekretär des Ökumenischen Rates der Kirchen, hat in seiner Festpredigt anlässlich der Einweihung dieses Ökumenischen Zentrums, uns folgendes auf den Weg gegeben: »Die Kirche sollte in Frankfurt der Ort sein, wo alle willkommen geheißen werden im Namen Jesu Christi. So sollte sie ein Beispiel geben in der Stadt Frankfurt, dass sie – die Kirche – wirklich diesem Herrn gehört. Und eben deshalb allen gehört. Und dass wir dann alle der Ort werden, wo Gott gegenwärtig ist.«

Welche Gemeinden und Gruppen nutzen die Kirche aktuell?

Sonntags feiert die weltweite Ökumene in der Christuskirche Gottesdienste. Die serbisch-orthodoxe Gemeinde beginnt, dann folgt die Christus-Immanuel-Gemeinde, danach die Oromogemeinde und schließlich die chinesische Gemeinde.

Die Oromogemeinde ist in den letzten Jahren auch durch Geflüchtete gewachsen, die in der Gemeinde einen Ankerpunkt finden. Die einzelnen Gemeinden bieten Gruppen an, die teilweise geöffnet sind für Leute aus den anderen Gemeinden des Zentrums und für die Stadtgesellschaft.

→

Kultur und Glauben

Vieles, was für uns ganz selbstverständlich zum Gemeindeleben dazugehört, ist in unserer jeweiligen Kultur beheimatet. Denken wir nur an den Adventskranz, den Weihnachtsbaum, die Trommeln, die bunten Gewänder und die Kerzen. Wenn wir mit Christen anderer Prägung Gottesdienste feiern, merken wir, wie ungewohnt dies ist und dass wir uns fremd fühlen. Gleichzeitig sind wir neugierig und gespannt. Mit »wir« meine ich hier übrigens beide – »uns« ebenso wie »die anderen«!

»Kultur bedeutet Beheimatung, aber eben immer auch Begrenzung. Die kulturelle Prägung des Christentums wird in der konkreten Begegnung deutlich« – bei Gesprächen oder auch gemeinsam gefeierten Gottesdiensten. In der Begegnung erleben wir unsere Grenzen und tauchen in für uns Neues ein. Dabei spielt die jeweilige soziale und gesellschaftliche Verortung in der Gesellschaft eine wesentliche Rolle. Ob man eine sichere Arbeit und Wohnung hat, krank oder gesund ist, einen legalen oder nicht gesicherten Aufenthalt, eine gemeinsame Sprache hat, in der man sich verständigen kann oder nicht – all das beeinflusst die eigenen Möglichkeiten sich anderen zu öffnen und für sie da zu sein. »Wer im Alltag … immer wieder die Erfahrung von rassistischer Ausgrenzung macht, hat meist nicht die Kraft, sich am Wochenende in der Kirche nochmals erheblichen Fremdheitserfahrungen auszusetzen. Dann ist es gut, mit Gott so zu reden, wie es aus meinem Herzen kommt – egal mit welcher Zunge.« (Zitate aus Severin-Kaiser, S. 44)

Aus den Fürbitten vom gemeinsamen Gottesdienst am 28.2.2016

Gott, wir bitten dich für unsere Stadt Frankfurt, für alle Menschen, die hier leben.
Wir bitten dich, schenke du dass die Menschen in dieser Stadt gut hier leben können,
egal ob sie seit langem oder erst kurz hier leben, egal, ob sie hierher geflohen sind
oder seit Generationen hier zuhause sind.

Gott lehre uns genau hinzusehen, genau hinzuhören.
Und sollten wir auf menschenverachtende Worte und Taten stoßen,
so mach uns Mut einzuschreiten, zu widersprechen
und für die Betroffenen dazu sein, angefüllt mit deiner Liebe.
Wo Not ist, öffne du Herzen und Sinne, zu helfen, einander zu stärken und beizustehen.
Wo Freude und Glück ist, lass uns auch dies miteinander teilen.

Bringe alle, alte und junge Menschen, Engagierte und
Verantwortliche der Stadt über alle Parteigrenzen, ideologischen Gedanken
und unterschiedlichen Religionen hinweg dazu das Wohl aller Menschen im Blick haben.

Sei du bei uns – auch hier im Ökumenischen Zentrum Christuskirche,
wenn wir miteinander feiern, einander trösten und miteinander streiten.

Stärke Du uns in all unserem Tun die Gerechtigkeit und
den Frieden im Zusammenleben unserer Gesellschaft zu fördern.

Schenke Du uns, dass all unser Tun deiner Ehre und
dem Wohlergehen unserer Nächsten dient, besonders auch der Flüchtlinge.

Gott, wir vertrauen deinem Wort und verlassen uns ganz auf deine Treue
und wollen Dir Dank sagen alle Tage unseres Lebens. Amen

Wir arbeiten immer wieder mit Gruppen, Initiativen und Gemeinden zu ökumenischen und entwicklungspolitischen Themen und bieten in Kooperation gemeinsame Veranstaltungen an. So bietet das Frankfurter Rechtshilfekomitee für Ausländer e. V. (www.rechtshilfekomitee.de) Rechtshilfe an. Außerdem der Frankfurter ACK und der »Sarah-Hagar e. V. Das Palästina-Forum Nahost lädt in unregelmäßigen Abständen zu Veranstaltungen ein und hat hier sein Zuhause.

Wer ist der Hausherr, rein rechtlich gesehen?

Die Stiftung für kirchliche Versorgung der Außenstadt Frankfurt am Main ist Eigentümerin der Kirche, die Gemeinde ist Trägerin, eingebettet im Ev. Regionalverband Frankfurt am Main. Die Arbeit der Personalkirchengemeinde im Ökumenischen Zentrum und die Gebäudeunterhaltung werden vom Evangelischen Regionalverband und mit Mitteln des Evangelisch-Kirchlichen Hilfsvereins unterstützt.

Wie gestaltet sich der Alltag im Ökumenischen Zentrum?

Die Koordination der Raumvergabe und Entscheidungen liegen bei der Christus-Immanuel-Gemeinde als Trägerin des Zentrums. Bei den Leitungskreistreffen werden auch die gemeinsamen Gottesdienste – sie finden jeweils am letzten Sonntag im Februar und im September statt – vorbereitet. Hier werden das jeweilige Thema besprochen, der Bibeltext ausgewählt und die Aufgaben aufgeteilt. Im Anschluss an diese Gottesdienste wird jedes Mal ein Imbiss organisiert. Da ist dann Zeit miteinander zu reden.

Wiederkehrende Elemente im Gottesdienst sind Lieder aus den verschiedenen Traditionen, ein orthodoxes Kirchengebet, das Glaubensbekenntnis von Nizäa-Konstantinopel, Vaterunser, das Teilen des von der orthodoxen Gemeinde gesegneten Agapebrotes, Predigt und Fürbitten in den vier Sprachen. So werden alle während des Gottesdienstes in der Muttersprache angesprochen und/oder können den Bibeltext in ihrer Sprache auf dem Liedblatt nachlesen. Dies ist wohltuend, aber zugleich braucht es dazu Geduld, gerade wenn man es nicht gewohnt ist, Sprachen zuzuhören, die man nicht versteht. Seit einigen Jahren gestalten die Christus-Immanuel-Gemeinde, die Oromogemeinde und die chinesische Gemeinde gemeinsam eine internationale Adventsfeier.

Im alltäglichen Gemeindeleben gibt es entweder durch interkulturelle Familien oder andere Verwobenheiten Berührungspunkte. Aber auch in Krisenzeiten, z. B. wenn in Äthiopien wie im Moment der Ausnahmezustand herrscht oder eine Überschwemmung in Serbien. Dann versuchen wir uns gegenseitig zu informieren, einander beizustehen, zu helfen und füreinander zu beten. Einzelne Menschen bieten Sprachkurse an, unterstützen Geflüchtete bei Ämtergängen oder Ähnliches.

Was würden Sie Gemeinden empfehlen, die planen, sich ein Gebäude zu teilen?

Zu diesem Thema gibt es hilfreiche Broschüren, die herunterladbar sind. → *siehe Literaturhinweise*

Auf der Beziehungsebene braucht es Pfadfinder, Neulandbegeher, Reiseführer und Dolmetscher, die in der Welt der Etablierten und der Zugewanderten zu Hause sind – besonders bei Konflikten, die helfen, keine Miet-, sondern Partnerschaftsverträge auf Augenhöhe auszuhandeln. Das heißt auch, mit Rechten und Pflichten für alle.[1] Vor allem bei Themen wie Armut, Abschiebung, Vorstellungen von Partnerschaft und Einstellungen zur Homosexualität braucht es diese Augenhöhe.

Es wird viel Geduld gebraucht, Neugier und vor allem Humor, den Mut, Fehler zu machen und diese nachher zuzugeben und die Freude, auch über sich selbst lachen zu können. Last not least nehmen sie Paulus ernst und wissen, dass Auseinandersetzungen und Konflikte in christlichen Gemeinden dazugehören.

Was ist für Sie im Moment ein zentrales Thema, was Ihnen immer wieder begegnet?

Seit Beginn des Ökumenischen Zentrums haben Diskriminierungen und Rassismus[2] im Alltag leider nicht an Aktualität verloren. Immer wieder berichten Gemeindemitglieder aus allen Gemeinden von ausgrenzenden Erfahrungen nicht nur bei der Arbeitssuche und Wohnungssuche. Egal, wie lange sie hier leben, ob sie »Eingeborene« oder »Zugezogene« sind, welche Ausbildung und welches Studium sie haben, sie machen immer wieder die Erfahrung von »weißen«[3] Menschen zu »Fremden« gemacht zu werden.

---

1 Martina Severin-Kaiser, S. 46 siehe Literaturhinweise

2 Gruppenbezogene Menschenfeindlichkeit (GMF) ist mit dem christlichen Bekenntnis unvereinbar. Dieses Bekenntnis schließt die biologische oder ideologisch konstruierte Ungleichwertigkeit von Menschen oder Gruppen aus. Wo immer Christ_innen solche Einstellungen verbreiten, handeln sie gegen Gottes Gebote. Siehe: http://bagkr.de/ueber-uns/was-wir-glauben/

3 http://glossar.neuemedienmacher.de/?s=Wei%C3%9Fe+Deutsche&post_type=encyclopedia

---

Literatur:

Gemeinden anderer Sprache und Herkunft – Eine Orientierungshilfe für die evangelischen Gemeinden und Werke im Rheinland und in Westfalen http://www.ekir.de/www/downloads/Gemeinden_anderer_Sprache_05-05-2015.pdf

»Gemeinsam evangelisch«, Erfahrungen, theologische Orientierungen und Perspektiven für die Arbeit mit Gemeinden anderer Sprache und Herkunft. EKD-Texte 119, Hrsg. vom Kirchenamt der Evangelischen Kirche in Deutschland (EKD), Herrenhäuser Straße 12, 30419 Hannover https://www.ekd.de/download/ekd_texte_119.pdf

Severin-Kaiser, Martina: Interkonfessioneller Gemeindedialog in Hamburg, in: Glauben leben – vielfältig, international, interkulturell. Migrationsgemeinden und deutsche Gemeinden auf dem Weg. Haus kirchlicher Dienste der Evangelisch-lutherischen Landeskirche Hannovers, Download http://www.kirchliche-dienste.de/arbeitsfelder/migration-und-integration/material

Jüdische Aussiedler

in deutschen jüdischen Gemeinden

Timotheus Arndt

Juden waren und sind in unserer Gegend ansässig, mindestens seit den Zeiten, als auch andere Deutsche hier zwischen slawischer Bevölkerung ansässig wurden. Ihre Religion kommt mit der christlichen aus derselben orientalischen Heimat. Schon mit dieser schlichten Einsicht stellen wir fest: Gemessen an Alter und Entfernung ist hier keiner von uns weniger oder mehr fremd oder zu Hause.

Doch: Jüdische Gemeinden stellten hier stets eine kleine Gruppe mit geringeren Machtmitteln gegenüber ihrer größeren und stärkeren Umgebung dar. Jedes Kind geht davon aus, es sei zu Hause, wo es in die Welt hinein gestellt ist. Allmählich lernt es – manchmal schmerzlich – dass andere es mitunter unerwartet ausschließen, ihm die Zugehörigkeit verweigern. So erleben jüdische Gemeinden in der Geschichte immer wieder, dass ihnen ihr Zuhause eingeschränkt oder weggenommen werden kann. Nicht aufgrund älterer Rechte, sondern allein aufgrund ihres Minderheitendaseins und damit verbundener Ohnmacht. So gab es in Sachsen – wie in anderen Gegenden Deutschlands – Zeiten, in denen sich jüdisches Gemeindeleben als Teil der Gesamtgesellschaft entfalten durfte, Zeiten, in denen das nur eingeschränkt möglich war und Zeiten, in denen es ganz verboten war. Die Gründe dafür lagen am allerwenigsten bei den jüdischen Gemeinden selbst, sondern in politischen und gesellschaftlichen Entwicklungen, Umbrüchen und Krisen. Diese Erfahrung, immer wieder zu Fremden gemacht zu werden, mit dieser Bedrohung zu

leben, hat in vielen jüdischen Familien die Einsicht verstärkt, auf das zu setzen, was als Bildung und Wissen am wenigsten geraubt werden kann, was am leichtesten auf den Weg in die Fremde, zum Aufbau eines neuen Zuhause mitgenommen werden kann.

Jüdische Aussiedler aus der ehemaligen Sowjetunion

Im sowjetischen Vielvölkerstaat galt Judentum als Nationalität, eine unter den vielen, die nach offizieller Lehre freundschaftlich zusammenlebten. Doch die Betroffenen beschreiben den Eintrag »jüdisch« in der fünften Zeile des sowjetischen Passes als »Behinderung im fünften Punkt«. Wirkungen zeigte diese Behinderung sowohl bei den Karriereaussichten, die vom Staat abhingen, als auch in gelegentlicher gesellschaftlicher Isolierung und Bedrohung. Besonders in den 1990er Jahren ermöglichte die Bundesrepublik Deutschland einer Anzahl Juden aus der Sowjetunion und ihren Nachfolgestaaten, unter der Rechtskonstruktion »Kontingentflüchtling« nach Deutschland zu kommen.

In vieler Hinsicht erlebten sie in der neuen Heimat Ähnliches wie sogenannte »Spätaussiedler«, nämlich die frühere Fremdheit mit umgekehrten Vorzeichen: Erschwerte ihr Leben bisher als Juden oder eben Deutsche angesehen zu werden, wurden sie hier in Deutschland als »Russen« mit einem Stempel der Fremde versehen. Dass mit der Ankunft in Deutschland ihr Judesein auf einmal von einem nationalen Stigma zu einem religiösen Phänomen wurde, bemerken manche erst spät oder gar nicht, und manche erfahren das als große Überraschung.

Herausforderung Sprache

Auf jeden Fall bildet die Sprache die erste Herausforderung. Einige sind in dem Bewusstsein gekommen, dass sie in ihrem Alter die sprachliche Hürde nicht mehr bewältigen werden. Aber sie hoffen für ihre Kinder, dass die hier zu Hause sein werden. Andere stürzen sich in ein intensives Sprachstudium. Die einen werden ihren fremden Akzent trotz großer Bemühungen und perfekter Beherrschung der deutschen Grammatik und Lexik nie los. Bei der Arbeitssuche ist der Akzent eine Hürde unabhängig davon, wie gut sie die Sprache verstehen und sprechen. Andren fällt es leicht, sich der neuen Sprachmelodie anzupassen. Zum jüdischen Beten gehört Hebräisch – eine weitere Fremdsprache, um die sich einige zusätzlich bemühen, wenn sie sich nicht auf Umschriften und Übersetzungen stützen wollen. Da beim Unterricht Teilnehmende und Gäste aus unterschiedlichen Ländern kommen, wird unter den Jüngeren mitunter Englisch neben Deutsch zu einer wichtigen Verkehrssprache. Nachbarschaft ist wichtig für Beheimatung. Auch ist in Deutschland das Grußverhalten sehr unterschiedlich. Manche von den Zugezogenen wundern sich, dass ihre Nachbarn nicht grüßen. Ihnen gibt ein ausbleibender Gruß das Gefühl, als fremd abgelehnt zu werden. Eine erzählt: »Meine Nachbarin brauchte drei Jahre um meinen Gruß zu erwidern«. Menschen gehen unterschiedlich offen mit der Nachbarschaft um. Manche suchen auch in anonym wirkenden Wohnblöcken nach Kontakt zu Nachbarn. Andere halten sich scheu zurück, sich ihrer sprachlichen Unzulänglichkeiten bewusst.

Gemeinde in der neuen Heimat

Egal, ob Judentum im alten Zuhause eine religiöse Bedeutung hatte, in welchem Maße es eine Rolle spielte: In der neuen Heimat ist die Gemeinde eine Möglichkeit, gesellschaftlichen Anschluss zu finden. Allerdings gibt es in den meisten Gemeinden so wenig Alteingesessene, dass kaum Kontakt in diesem Gesellschaftsbereich entsteht. Stattdessen ist ein guter Grund, sich an die Gemeinde zu halten, dass hier Menschen mit ähnlichen Erfahrungen anzutreffen sind. Man kann sich zwanglos auf russisch verständigen, russische Traditionen werden gepflegt. Auch politische Haltungen werden mitunter heftig diskutiert: Wie weit reicht die Solidarität mit dem gegenwärtigen Russland oder anderen Nachfolgestaaten der Sowjetunion? Wie ist das Verhältnis zum Staate Israel, wohin ja manche Familienzweige ebenfalls gewandert sind. So ist er manchem als Zuhause eines Teils der Familie nahe und fremd zugleich. Als Religionsgemeinde lädt die Gemeinde zur Teilnahme am traditionellen jüdischen Leben ein. Aber vielen ist die religiöse Tradition fremd. Sie beheimaten sich in der jüdischen Gemeinde erst neu, lernen hier Judentum kennen. Gelegentlich bringen Einzelne eine intensive jüdische Tradition mit. Davon gab es ein breites Spektrum vom Baltikum bis in die orientalischen Gemeinden. Die Dazugekommenen suchen, was davon zu ihnen passt oder was sie einbringen können und prägen so die Gemeinde mit. Andere betrachten ihr Judentum wie eine Zugehörigkeit, die sie so locker nehmen wie viele ihre Kirchenzugehörigkeit.

Zuhause ist, wo ich Menschen habe, die mit mir ihr Leben teilen, mit denen ich mein Leben teilen kann. Einzelnes mag unterschiedlich nahe sein, wie bei den verschiedenen Kreisen um eine Mitte. Dabei ist nicht alles rund und die Kreislinien schneiden sich, Bereiche überdecken sich. Andere Bereiche sind völlig voneinander getrennt. Zuhause bin ich darin, worum ich mich bemühe. In der jüdischen Geschichte aber ist dies öfter davon abhängig, ob andere die Beheimatung zulassen oder verhindern.

Pfarrer Dr. Timotheus Arndt ist Mitarbeiter in der Forschungsstelle Judentum der Theologischen Fakultät Leipzig und Vorsitzender der Jüdisch-Christlichen Arbeitsgemeinschaft Leipzig

Quelle: Stadtmuseum Münster

70 JAHRE SPÄTER:

Flucht damals und heute

Ortrun Griebel

Flucht, Vertreibung, Zwangsumsiedlung sind eine Bedrohung des Lebens. Not, Leid und Gewalt begleiten diesen Weg, Krieg und Diktatur. Damals 1945 und heute. Unendliche Kilometer voller Angst und Schrecken, Hunger und Trauer um all die Verlorenen. Heilfroh angekommen an einem Ort ohne Krieg, wo man dennoch eigentlich nicht sein will. Das Eigene ist verloren, drumherum und innendrin ist es fremd. Wie kann man sich da zu Hause fühlen?

Damals die Deutschen in Deutschland

Das deutsche Volk erlebt die Flüchtlingstragödie am Ende eines vom ihm begonnenen, verlorenen Krieges. Dieses Leid kam wie ein Bumerang auf sie zurück. In diesem kollektiven Schuldgefühl gab es keinen Platz für die eigenen Wunden und Traumata. Umsiedlung, Kinderverschickung, Flucht und Vertreibung in den Ostgebieten mit den furchtbaren Flüchtlingstrecks – unbeschreiblich. Das Schweigen über das Grauen ist von vielen nie gebrochen worden.

Endlich in Sicherheit gab es keinen Platz für die vielen Menschen. Nicht alle Alteingesessenen haben die Neuen begrüßt, sondern fürchteten um ihr wenig Hab und Gut, ihr Essen, ihren Wohnraum, ihre Arbeitsstelle. Die Sprache war zwar gleich, dennoch erschwerten Dialekte und Traditionen die Verständigung. Katholiken hat es in die evangelische Diaspora verschlagen und andersherum. Es gab unsäglich viele seelische Verletzungen in diesem Kampf der Konfessionen. Jeder pochte auf seine Rituale – sie waren ein letzter Teil der eigenen Identität. Heimat und Familie waren oft verloren.

Wie lange sollte das Entfremdet-Sein mit sich und der Umgebung noch dauern? Es wurde geschwiegen über das Leid. Als endlich wieder Normalität da war, wollte man leben und nicht die alten Wunden aufreißen. Man gehörte zwar immer noch nicht wirklich dazu, man war immer noch der oder die Zugezogene. Da war immer noch das Fremde, aber man arrangierte sich damit. Selbst die, die ständig über das Leid redeten, setzten sich nicht wirklich damit auseinander, sondern wiederholten nur das Alte, um sich zu schützen vor der Grausamkeit des Unsagbaren. Die kollektive Schuld und das Schweigen wurden weitergegeben an die Kinder. Transgenerationale Weitergabe kann auch für die dritte Generation noch eine große unbewusste seelische Belastung sein. Kriegsenkel haben oft einen schweren Weg, den Grund für ihre Entfremdung vom eigenen Leben zu finden. Manchmal helfen der Zufall oder Bücher und Veranstaltungen, die es inzwischen zu diesem Thema gibt.

Und dann sind da siebzig Jahre später die Bilder von den Tausenden von Flüchtlingen im Jahr 2015 – ein Déjà-vu! Das macht Angst und weckt gleichzeitig Mitgefühl. Willkommen heißen, weil das Leid Teil der eigenen Geschichte ist, und gleichzeitig wird das Fremde abgelehnt. Eine sehr ambivalente Situation.

Heute die Flüchtlinge in Deutschland

Die Menschen flüchten aus vielen Ländern. Überall dort herrscht Not, Gewalt, keine Hoffnung auf Zukunft. Sie wollen in ein sicheres Land und am Wohlstand teilhaben und am Frieden. Für sie ist es eng in den Unterkünften. Das Essen ist ein Problem. Gibt es eine Arbeitsstelle? Wie kann man die Familie wiederfinden? Ist Raum für das eigene Zuhause in der Fremde? Sie sprechen andere Sprachen, leben andere Traditionen. Religion, überwiegend der Islam, ist ein Halt der eigenen Identität. Die andere Religion macht allerdings auch in diesem Jahrhundert Verständigung schwerer. Die Wir-Kultur der Ankommenden steht im Widerspruch zur Ich-Kultur der hier Lebenden. Geschlechtertrennung, Rollenbilder, der Familie das eigene Streben unterordnen – diese Werte sind im Abendland noch nicht lange dem Ziel der Emanzipation und Selbstverwirklichung gewichen. Und für die Flüchtlinge ist es so wichtig, nicht auch noch den Halt der Religion und Wir-Kultur zu verlieren. Die hier Lebenden meinen es gerade überwunden zu haben, die neu Angekommenen stützen sich auf das Wir, das wichtiger ist als das Ich. Viele dieser Emotionen sind Teil der Geschichte, des kollektiven Wissens in Deutschland – das ist eine Chance und gleichzeitig Grund der Abwehr. Wie ist ein Zuhause möglich für die Alteingesessenen mit den Neuankommenden als Nachbarn?

Eine Kombination des Fremden und Eigenen

Die Flüchtlingskrise ist eine Krise, weil viele Aufgaben auf einmal zu lösen sind. Es gibt politische, praktische und sachliche Ebenen. Und es gibt das Emotionale, das Aufarbeiten der persönlichen und kollektiven Geschichte. Das Eigene formulieren zu lernen, ist dabei nicht leicht. Es ist Aufgabe und Chance für die, die schon da sind, und für die, die ankommen. Wie lässt sich Halt finden in dem, was das Eigene ist? Welche Tradition wird gelebt, warum und wozu? Was macht ein Zuhause aus? Das Fremde gibt es in jedem – das, was man an und in sich selbst nicht (kennen) will. Das gilt es wahrzunehmen, damit es nicht im Anderen abgelehnt wird, der fremd ist.

Das Fremde, das Unbekannte, oft erst einmal Unverständliche oder Faszinierende gibt es auch im Außen, im Umfeld hier direkt vor der Tür und in fremden Ländern. Es kann spannend sein, man möchte es kennen lernen. Man geht auf Reisen, strengt sich an, Neues zu erleben. Dabei darf Fremdes unsicher machen, das bewahrt vor blindem Vertrauen. Gleichzeitig kann Fremdes bereichern.

Mit Achtung auf sich und den Anderen einander begegnen und nicht den ersten Stein werfen – eine Aufforderung für alle Beteiligten. Dem Eigenen und dem Fremden in uns und in dem Anderen eine Chance geben: für beides ein Zuhause gründen.

Ortrun Griebel ist Theologin und Psychotherapeutin in Nürnberg. In ihrer Psychotherapeutischen Praxis und ihrer Tätigkeit als Erwachsenenbildnerin gehören neben anderen psychologischen Themen besonders die Bereiche Kriegskinder, Tod und Trauer zu ihrem Arbeitsfeld (www.ortrungriebel.net).

Heimisch werden

Wichtiges für den Übergang in ein Altenpflegeheim

Dorothea Lindow

DAS HEIM

Sprache erzeugt Bilder, Bilder erzeugen Vorstellungen. Das Wort »Heim« hat laut Wiktionary vier Nuancen: Das Heim als

1.) Daheim, Zuhause, gewohnte Umgebung
2.) Unterkunft: Altenheim, Tierheim, Asylantenheim, …
3.) Stätte zur Erholung: Ferienheim
4.) Treffpunkt: Vereinsheim

Was sehen Sie vor sich, wenn ein Heimeinzug ansteht? Was wünschen Sie sich für die Menschen, die ins Heim ziehen? Das Heim als Unterkunft oder als Zuhause? Was braucht es dafür?

Sprache erzeugt Bilder. Das machen sich auch Träger der stationären Altenhilfe zunutze. Da gibt es: Seniorenresidenzen und -heime, Wohnstifte, Alters- und Altenheime, Pflegeeinrichtungen. Wo möchten Sie wohnen? Welcher Begriff erzeugt ein positives Bild? Welche Zukunft erwartet mich? Man möchte alt werden, aktiv und selbstbestimmt, verschont von schweren Krankheiten. Eine alte Frau, ein alter Mann wie aus der Werbung. Pflegebedürftig? Ich doch nicht!

Es erwischt einen mitten im Alltag. Ein Besuch bei einer ehemaligen Nachbarin im Heim. Endlich schafft man es! Die Allgegenwart von Krankheit stürzt auf einen ein. Aufgewühlt stellt sich die Frage: Droht mir das auch? Den Besuch macht man. Aber in Zukunft geht man doch eher im Bogen um das Heim. Man möchte sich schützen vor der sichtbaren Angst, dass es auch einen selbst erwischen könnte.

DIE MENSCHEN

Was für Menschen leben im Heim? Kaum jemand zieht freiwillig ein, beschließt, dass es zuhause nicht mehr geht. Die meisten verpassen den richtigen Zeitpunkt, werden gebracht, weil der Arzt im Krankenhaus nicht mehr nach Hause entlässt. Die

meisten kommen, weil die Betreuenden es aus guten Gründen anordnen. Einige kommen, weil man es in der Verwandtschaft gemeinsam besprochen hat. Oft fällt es schwer, die getroffene Entscheidung anzunehmen. Immer haben die Menschen viele Verluste erlebt. Nun sind sie im Heim. Wieder muss ein Verlust bearbeitet werden. Von der Fähigkeit, Verluste zu bearbeiten, hängt es zum großen Teil ab, ob ein Heim zum Zuhause wird.

Manche alte Menschen haben schon am Ende des Krieges ihr Zuhause verloren. Nun, siebzig Jahre später, erleben sie es zum zweiten Mal. Manche haben ihren Partner verloren. Andere leiden noch unter dem Verlust der Berufstätigkeit. Im Beruf war man noch wer. Wer ist man ohne die berufliche Anerkennung? Was macht einen noch aus? Anderen fehlt die Nachbarschaft: ein Schwätzchen am Gartenzaun, gegenseitige Hilfsbereitschaft. Man hat zusammengehalten. Ein System hatte sich eingespielt. Man hat für den Nachbarn gekocht, er hat die Hecke geschnitten. Es ging doch! Wieder andere vermissen die Selbständigkeit.

Das System »Heim« führt zur Fremdbestimmung, an die man sich gewöhnen muss. Vieles ist vorgegeben, vorbestimmt. Alle müssen mit gesundheitlichen Einschränkungen leben. Die Immobilität nimmt zu. Die Sinne lassen nach. Der Radius des Lebens wird enger. Wenn jemand an Demenz erkrankt, wird es besonders schwer. Gerade am Anfang einer dementiellen Erkrankung errichtet der kranke Mensch häufig eine Schutzmauer um sich. Man kann und will es sich nicht eingestehen, dass etwas nicht stimmt. Die anderen sind schuld. »Sie haben mein Portemonnaie geklaut, mir die Wohnung weggenommen.«

Der dementiell erkrankte Mensch klammert sich oft an eine im Prinzip vergangene Realität, um das eigene Lebenskonzept aufrecht zu erhalten. Ein Umzug in ein Heim macht die Sache für Angehörige oft sehr schwer.

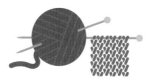
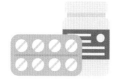

DAS FREMDE NEUE ZUHAUSE

Ein Mensch mit zahlreichen erlebten Verlusten findet sich im Heim ein. Wie ist es ihm früher gelungen, mit Verlusten umzugehen? Wie wird er mit dem Verlust des eigenen Zuhauses umgehen. Wir können die Menschen auf ihrem Weg begleiten, indem wir zuhören, mittragen und manches ertragen. Vier Punkte, die helfen können, dass aus dem fremden Zuhause ein neues Zuhause wird:

EHRLICH SEIN

Gerade demenziell erkrankte Menschen haben ein ausgesprochenes Gespür für Wahrheit. Auch wenn in einem Moment eine therapeutische Lüge sinnvoll scheint, kommt die eigentliche Sorge wieder an die Oberfläche. Nur wenn diese Sorge bearbeitet wird, kann der Bewohner sich einleben.

Herr B. ist neu im Heim. Er ist dement. Unruhig, getrieben läuft er über den Flur, ist nicht aufzuhalten. Er macht sich Sorgen um seine Frau. Man hat ihm erzählt, er wäre im Heim, weil sie krank sei. Er vermutet, sie sei tot. Die Angst treibt ihn. Bisher wurde Herr B. von seiner Frau gepflegt. Frau B. schafft es nicht mehr. Herr B. muss nun im Heim leben. Herr B. hat sein Leben mit seiner Frau geteilt. Seine Frau war nie krank. Es kann also nicht sein, was man ihm erzählt. Seine Frau ist nicht krank, das war sie ja noch nie. Also muss sie tot sein. Die Angst quält Herrn B. und lässt ihn ruhelos über den Flur laufen. Nimmt man seine Angst nicht ernst, ist man nicht ehrlich zu ihm und sagt ihm nicht, dass er nun im Heim lebt, wird seine Unruhe bleiben oder man wird ihn mit Medikamenten beruhigen müssen.

GEFÜHLE WERTSCHÄTZEN

Man unterscheidet vier universelle Richtungen von Gefühlen: Ärger, Trauer, Angst und Liebe. Wenn jemand Gefühle äußert, muss man diese Gefühle ernst nehmen, man lenkt nicht von ihnen ab. Gefühle, die nicht bearbeitet werden, werden sonst größer.

Frau A. wurde von ihrem Sohn in ein Heim in seiner Nähe geholt. Das weit entfernte Zuhause von Frau A. wurde aufgelöst. Nun lebt Frau A. im Heim. Sie hat sich mit ihrem Sohn zerstritten. Er hat es gut gemeint, aber bei Frau A. kommt an, dass der eigene Sohn das Geschirr geklaut hat, auch das Auto wollte er unbedingt haben. Die Freunde sind weit weg. Die Wohnung ist neu vermietet. Und wenn der Sohn zu Besuch kommt, behauptet er auch noch, er hätte das Geschirr nicht geklaut, sondern den Haushalt aufgelöst. Frau A. hat den Verlust ihres Zuhauses nicht verarbeitet. Sie flüchtet sich in Schuldzuweisungen. Sie erkennt nicht an, dass sie aufgrund gesundheitlicher Probleme nicht mehr in der Lage ist, eigenständig einen Haushalt zu führen. Nur wenn Frau A. immer wieder ihre Trauer, ihre Wut ausdrücken kann, wird sie in der Lage sein, diese zu bearbeiten.

SYMBOLE ERKENNEN

Menschen brauchen Symbole für ihren Alltag. Diese Symbole können sehr unterschiedlich sein. Auch wenn mir etwas sinnlos erscheint, kann es für den Bewohner wichtig sein.

Herr C. erzählt immer wieder, dass die Tochter ihm nicht einmal die Bohrmaschine bringt. Dabei könnte er doch noch dem Hausmeister helfen. Tatsächlich kann Herr C. auch kräftemäßig die Bohrmaschine nicht mehr halten. Aber die Maschine steht für seine Identität als Mann. Wer ist er ohne Zuhause, ohne Arbeit, ohne Frau? Was macht ihn aus? Als er noch berufstätig war, da war er noch wer. Dafür steht die Bohrmaschine, auch wenn sie nur im Zimmer liegt. Mit der Bohrmaschine ist er wieder ein ganzer Mann.

DIE EIGENEN GRENZEN WAHRNEHMEN

Ich kann Menschen im Heim begleiten. Aber immer muss ich zu meinem eigenen Schutz auf meine Grenzen achten. Manchmal gelingt es, manchmal auch nicht. »Liebe deine(n) Nächste(n) wie dich selbst.« (Mt 22,39)

Oft erlebe ich viel Freude, wenn ich mit anderen im Gespräch bin, in der ersten Zeit begleite. Manchmal treffe ich Wochen oder Monate später jemanden wieder, der vorübergehend im Krankenhaus war. Und er sagt zu mir: »Endlich wieder zuhause!«

Und dann merke ich: Alles braucht seine Zeit. Aus dem fremden Zuhause ist das neue Zuhause geworden.

Dorothea Lindow ist Pastorin für Altenheimseelsorge im Kirchenkreis Ostholstein.

Eine Begebenheit

Kürzlich wollte ich schnell noch in einer Bäckerei etwas Süßes für den Nachmittagskaffee kaufen. Ich entschied mich für eine Mohnschnecke. Als ich an der Reihe war, stockte ich ein wenig und suchte nach der richtigen Bezeichnung. Ich überbrückte die Situation, indem ich auf die Mohnschnecke zeigte und sagte: »Ich hätte gerne so eins.« Die Verkäuferin merkte mein Zögern und antwortete in mein Suchen hinein: »Sie meinen wohl einen Kopenhagener.« Wieder zögerte ich fragend, denn als Kopenhagener bezeichne ich eher so etwas wie ein Plunderstück mit Quark oder Marzipan. Die nette Dame am Tresen wollte der Situation aufhelfen und fragte interessiert: »Wie heißen denn Kopenhagener bei Ihnen?« Diese Frage irritierte mich noch mehr. »Äh«, kurze Pause, dann sagte ich klar und überzeugend: »Teilchen.« »Wo kommen Sie denn her?« »Ja, äh, ich komme gebürtig aus Frankfurt am Main«, wieder stockte ich und erläuterte ergänzend, »aber ich wohne schon viele Jahre hier in Kiel.« Ich bezahlte, packte meinen Kopenhagener – oder vielleicht doch mein Teilchen oder auch Plunderstück – in die Tasche und verließ verwirrt den Laden.

Zu Hause setzte ich mich mit einem starken Kaffee und dem Gebäck aufs Sofa und ließ meinen Gedanken freien Lauf. Diese kurze Begebenheit hatte die Frage nach meinem Heimatort und meinen Lebensorten in mir angestoßen, und ich merkte, dass ich mit der Frage »Wo kommen Sie denn her?« nur wenig anfangen kann. Eigentlich stellt sich mir diese Frage gar nicht mehr. Ich kann sagen, wo ich geboren und aufgewachsen bin. Als Heimatort bezeichne ich Frankfurt schon lange nicht mehr, spätestens seit meine Eltern nicht mehr leben und auch meine Schwester mit ihrer Familie nicht mehr dort wohnt. Es gibt verschiedene Orte, an denen ich in den vergangenen Jahrzehnten gelebt habe und die mir sehr vertraut und lieb sind. Es sind meine Lebensorte. Und Kiel, wo ich nun auch schon seit acht Jahren lebe, ist mein Zuhause. Mit Heimat bezeichne ich persönlich wiederum einen ganz anderen Ort. Heimat ist für mich die Nordseeinsel Borkum.

Nun aber Schluss mit meiner eigenen Biografiearbeit. Vielleicht aber wollen auch Sie erst einmal nachdenken, wie Sie die Frage »Wo kommen Sie denn her?« beantworten würden.

»Denn BLEIBEN ist nirgends ...«

Ein geografischer Blick auf die eigene Biografie

Petra Müller

Die Bedeutung von Orten für unser Leben

Orte sind wichtige biografische Bezugspunkte, weil sich unser Leben dort ereignet. In Zeiten der Globalisierung, der wachsenden Mobilität und der (geografischen) Ausweitung familiärer Beziehungen nimmt die Zahl der biografisch bedeutsamen Orte bei vielen Menschen zu. Im Älterwerden und im Alter haben Orte eine wichtige Bedeutung für den Rückblick auf unser Leben. Viele begeben sich in dieser Lebensphase noch einmal auf Spuren ihrer Vergangenheit. Manche fahren nach Jahrzehnten zum ersten Mal wieder an ihren Geburtsort und suchen nach ihrem Elternhaus oder nach jemandem, der ihnen noch etwas von damals erzählen kann. Andere wollen noch einmal die Berge sehen oder noch einmal an einen Ort fahren, wo sie Entscheidendes in ihrem Leben erlebt haben. Orte lösen vielfältige Erinnerungen aus und lassen die Biografie aufleuchten. Orte, an denen wir gelebt oder wo wir etwas erlebt haben, sind tief mit dem Wissen von damals in uns verwurzelt. Als ich einmal das Haus meiner Großeltern auffinden wollte, ließ ich mich nur von meinen Füßen leiten. Sie haben mich dorthin gebracht, obwohl ich »eigentlich« keine Ahnung von dem Weg hatte. Cees Nooteboom spricht in diesem Zusammenhang von den »Sohlen der Vergangenheit«. Wenn wir solche Orte aufsuchen, können die Empfindungen sehr unterschiedlich sein. Manchmal haben wir den Eindruck, es habe sich nichts verändert, ein anderes Mal oder an einem anderen Ort spüren wir vielleicht, dass nichts mehr so ist, wie es war, oder dass dieser Ort uns fremd geworden ist. Auch ist es wichtig, dass wir sogenannte »Ressourcenorte« für uns entdecken, pflegen und wachhalten. Ressourcenorte sind Orte, die uns stärken, die uns Kraft geben und aus denen wir auch in unserer Vorstellung Kraft schöpfen können. Diese Ressourcenorte sind besonders in schwierigen Zeiten und im Alter von großer Bedeutung.

Anknüpfungspunkte für die kirchliche Arbeit

Möglichkeiten, das Thema in der kirchlichen Arbeit aufzugreifen, gibt es viele, sei es in einem »Erzählcafé«, als Gesprächsöffner in seelsorgerlichen Gesprächen, in der aufsuchenden Arbeit mit einem »Koffer der Erinnerung«, in einer Predigt oder Predigtreihe, auf Ausflügen und Gemeindereisen, bei intergenerativen Angeboten, durch Biografieprojekte und vielleicht auch durch ein »Flanieren im eigenen Wohnumfeld«, von dem die Erwachsenen-

bildnerin Karin Nell aus Düsseldorf oft erzählt, einer Übung im Nahbereich: im Quartier und in den Kirchenbezirken.

Veranstaltung 50+ auf Kirchenkreisebene

Den biografisch wichtigen Orten im Leben nachzugehen, ist ein passendes Thema für Menschen im dritten Lebensalter, an der Schwelle zur nachberuflichen Phase. Da sich diese Zielgruppe statistisch gesehen 8 Jahre jünger fühlt als ihr kalendarisches Alter, sollte man die Veranstaltung für die Zielgruppe 50+ (und nicht 60+) ausschreiben. Wer einen Seminartag plant, sollte diesen möglichst in einer Region oder auf Kirchenkreisebene anbieten, um bei diesem persönlichen Thema ein Stück Anonymität zu gewähren. Auch lohnt es sich, die Veranstaltung in Kooperation mit einer anderen Einrichtung oder Organisation durchzuführen, z. B. mit der Frauenarbeit, denn Frauen sind für diese biografischen Themen besonders ansprechbar. Ein zeitlicher Rahmen von 10 – 17 Uhr ist dem Thema und der Veranstaltungsform angemessen.

→

FRAGEN ZUM EIGENEN NACHDENKEN

(Bei der Hinführung zu den Fragen muss deutlich formuliert werden, dass jede Teilnehmerin sich die Fragen heraussuchen soll, die sie im Moment ansprechen. Es geht nicht darum, alle Fragen abarbeiten zu müssen.)

EIN GEOGRAPHISCHER BLICK AUF MEIN LEBEN

Welche der Karten wähle ich aus, um Orte, die für meine Biografie bedeutsam sind, darauf zu markieren: Stadtplan, Plan einer Region, Deutschlandkarte, Europakarte oder eine Weltkarte? (als Kopien vorrätig haben und für die Einheit zur Verfügung stellen)

Ich markiere bedeutsame Orte meines Lebenslaufes auf der entsprechenden Karte und benenne den Zusammenhang, z. B. Wohnort, Geburtsort, Wohnort der Kinder, Geburtsort der Eltern, Urlaubsort, Hochzeitsort …

Welche Größe haben die von mir angegebenen Orte für mich im übertragenen Sinn von meinem jetzigen Standort aus?

Was sind die bedeutsamen Orte?

Gibt es Orte, die ich am liebsten von der Karte streichen würde?

Wo leben derzeit Menschen, die mir wichtig sind und die mir viel bedeuten?

In welchen Orten habe ich gute Zeiten erlebt, wo waren die Jahre eher trocken?

Mit welchen Orten bin ich verwurzelt?

Wo liegen meine Kraft- und Ressourcenorte?

Welches sind Erinnerungsorte für mich?

An welchen Orten sind Menschen begraben? An welchen Orten suche ich noch immer Gräber auf?

An welchen Orten habe ich »erste Male« erlebt, z. B. den Schulanfang, die erste Liebe, die erste Wohnung …?

Welche Orte sind mit einem »letzten Mal« verbunden, wo habe ich Abschied genommen?

An welchen Orten habe ich Situationen bewältigt?

An welchen Orten gab es Wegkreuzungen?

Gibt es Orte, an denen ich einen »Stein des Dankes« ablegen möchte?

An welchen Orten fühle ich mich besonders wohl?

Welche Landschaften und Länder mag ich, welche weniger?

Wenn ich mir einen Ort aussuchen könnte – welchen würde ich wählen?

Welchen Ort, welches Land will ich auf jeden Fall noch kennenlernen?

Zu welchen Orten habe ich einen kirchlichen Bezug?

Welche Orte sind für mein geistliches Leben wichtig?

Kenne ich Orte, die für mich eine spirituelle Ausstrahlung haben?

An welchem Ort will ich alt werden?

An welchem Ort möchte ich begraben werden?

MEINE LEBENSORTE – EIN SEMINARTAG FÜR FRAUEN 50+

Zeit	Thema	Beschreibung
10.00 – 10.15 Uhr	**Begrüßung**	Begrüßung, Infos zum Tagesablauf und zu den Örtlichkeiten. Das Thema kurz auf den Punkt bringen.
10.15 – 10.30 Uhr	**Impuls/Andacht**	Verschiedene Möglichkeiten zur Auswahl: 1. Mose 28, 10–19: Fokus auf einen Ort, an dem jemand etwas Prägendes erlebt hat, einen Ort des Gedenkens und des Dankes, einen Ort, der einen neuen Namen erhält Benennung verschiedener Orte, die in der Biografie Luthers von Bedeutung waren Stationen des Paulus Biografische Orte einer Frauengestalt oder, oder, oder …
10.30 – 10.50 Uhr	**Kurz ins Gespräch kommen**	Gesprächsinseln in den vier Ecken des Raumes zu folgenden Begriffen (jeweils ein Begriff in einer der Ecken): Mein Geburtsort Mein Wohnort Einer meiner Lieblingsorte Ein Ort, den ich noch nicht kenne, den ich aber auf jeden Fall sehen möchte Die Teilnehmenden verteilen sich auf die einzelnen Ecken. Nach 4–5 Minuten Wechsel zu einem der anderen Begriffe.
10.50 – 11.15 Uhr	**Vorstellungsrunde**	»Frau« greift in ihren Rucksack oder in ihre Handtasche und stellt sich mit einem Gegenstand vor, der ihr in die Hände kommt. (Erfahrungsgemäß gelingt es immer, dass die Frauen über diesen »zufälligen« Gegenstand auch auf das Thema zu sprechen kommen.)
11.15 – 11.45 Uhr	**Annäherung an das Thema über verschiedene Ansichtskarten**	Verschiedene Ansichtskarten zu Orten und Landschaften. Die Leitung lässt jede Teilnehmerin eine Karte verdeckt ziehen. Im Plenum zeigt jede Frau kurz ihre Karte und benennt den Ort und ggf. auch den Künstler. Anschließend Austausch in 3er-Gruppen zu der Frage: Welchen Ort bildet das Motiv – auch im übertragenen Sinne – ab und hat das etwas mit mir zu tun? Danach kurze Rückmeldung im Plenum.
	Kurze Pause	
12.00 – 12.20 Uhr	**Impulsreferat**	Impulsreferat zur Bedeutsamkeit geografischer Orte, Landschaften und Länder für die eigene Biografie und Hinführung zu den Impulsfragen für die Zeit des eigenen Nachdenkens.
12.20 – 13.00 Uhr	**Eigenes Nachdenken**	An dieser Stelle ist es wichtig, eine gute räumliche Atmosphäre zu schaffen. Auch sind die Rahmenbedingungen für diese Zeit klar zu benennen. Nur wenige der Frauen brauchen eine besondere Ermutigung und Bestärkung, um ins Nachdenken und in die Stille zu kommen.
	Mittagspause	
14.00 – 14.55 Uhr	**Austausch in Kleingruppen**	Gruppenfindung (3er-Gruppen) über verschiedenfarbige Wollfäden. In der Kleingruppe bekommt jede Teilnehmerin 15 Minuten Zeit, um von ihren Gedanken aus der Zeit des eigenen Nachdenkens zu erzählen. Die letzten 15 Minuten dienen dazu, miteinander ins Gespräch zu kommen.
	Nachmittagskaffee	
15.20 – 16.20 Uhr	**Lebensorte gestalten**	Auf zwei Tischen verteilt die Leitung ein buntes Sammelsurium unterschiedlichster Gegenstände (der Freiheit sind keine Grenzen gesetzt, es kann auch viel Kitsch dabei sein). Daneben liegen viele verschiedenartige Chiffontücher (Kett-Materialien). Die Teilnehmenden bekommen die Aufgabe, zum Thema »Mein Lebensort« sich maximal 5 Gegenstände aus dem großen Sammelsurium herauszusuchen, dazu noch ein farbiges Tuch. Vor ihrem Sitzplatz gestalten sie auf dem Tuch mit den Gegenständen ihren »Lebensort« und überlegen sich einen Namen für diesen Ort. Dann gehen alle Teilnehmenden schweigend herum und schauen sich die einzelnen Kunstwerke an. Im Plenum werden aus der Runde heraus zu jedem Ort einzelne wenige Eindrücke gesammelt. Die entsprechende Frau, um deren Lebensort es geht, hört nur zu, sie geht auf keinen Fall auf das Gesagte ein. Abschließend teilt sie der Gruppe den Namen ihres Lebensortes mit. Wenn alle Lebensorte betrachtet sind, setzt man sich für 15 Minuten in 3er-Gruppen und erzählt sich, was man hat ausdrücken wollen und was man von den Aussagen aus dem Plenum übernehmen oder verwerfen will. Zum Abschluss stellt sich jede Frau vor ihren Lebensort. Es ergeht eine Aufforderung, sich zu verneigen und sich von seinem Ort zu verabschieden. Dann wird das Gebilde aufgelöst und die Gegenstände an die Tische zurückgebracht.
	Kurze Pause	
16.30 – 16.55 Uhr	**Elfchen schreiben**	Kurze Hinführung zum Aufbau eines Elfchens. Jede Frau schreibt ein Elfchen. Erfahrungsgemäß braucht es dazu nicht viel Ermutigung. Und das Schreiben dauert auch nicht lange. Zum Abschluss stellen sich alle in einen Kreis. Die Elfchen werden verlesen. Oft entsteht ein großes Staunen über das, was formuliert wurde.
16.55 Uhr	**Verabschiedung und Segen**	

Petra Müller ist Diplompädagogin für Theologie und Erwachsenenbildung und arbeitet als Referentin in der Fachstelle Alter der Nordkirche.

Wie lange sind Sie schon dabei?

Gehören Sie bereits zum Inventar oder sind Sie gerade erst an Bord gekommen?

Was waren Ihre ersten Gedanken, als Sie Ihren ersten Arbeitstag auf der jetzigen Stelle hatten?

Welches Gefühl entstand beim ersten Wahrnehmen des „Stallgeruchs", in dem Sie gelandet sind?

Apropos Stellenwechsel: Gehören Sie eher zu den Beständigen oder eher zu den Wechselnden?

Wie lange ist Ihre durchschnittliche Verweildauer auf einer Stelle?

Oder sind Sie noch da, aber eigentlich längst schon innerlich weg?

Welches Lied oder welcher Schlager passt zu Ihnen und Ihren Erfahrungen in Organisationen?

Viel-Harmonie und Resonanz – Musikalische Reflexion zum Fremden und Vertrauten in der Organisationskultur

Christine Ursel

Musik ist immer auch ein Ausdruck der Kultur – der Kultur einer Gruppierung, einer Szene, einer Region, einer Kohorte, einer Bande, einer Vereinigung. Und so lassen sich vielleicht auch Organisationen musikalisch beschreiben. Bekannte Lieder und Schlager bieten sich dazu an, weil sie Ausdruck einer Erfahrung sein können, Werte inszenieren und Verbindung herstellen.

Die Kultur einer Organisation beschreibt den über die Zeit gewachsenen Bestand von gemeinsamen grundlegenden Orientierungen. Dadurch wird das Verhalten der Organisationsmitglieder unsichtbar und zumeist unbewusst und unreflektiert gesteuert. Die Kultur wird in Werten und Normen sowie in Zeichen, Symbolen und Ritualen sichtbar und durch sie vermittelt (vgl. http://www.olev.de/uv/untkultur.htm).

Hier finden Sie ein paar Anregungen, der Organisationskultur mit Liedern und Schlagern auf die Spur zu kommen.

Verständnis von Arbeit und Life-Balance:

»Seemann, lass das Träumen« *(Lolita)*
»Waterloo« *(ABBA)*
»Aber bitte mit Sahne« *(Udo Jürgens)*
»Mit 66 Jahren, da fängt das Leben an« *(Udo Jürgens)*
»Am Sonntag will mein Süßer mit mir Segeln geh'n« *(Wencke Myhre)*
»Alt wie ein Baum möchte ich werden« *(Puhdys)*

Verständnis von Führung:

»Da sprach der alte Häuptling der Indianer« *(Gus Backus)*
»Dancing Queen« *(ABBA)*
»Schuld war nur der Bossa Nova« *(Manuela)*
»Tanze Samba mit mir« *(Roland Kaiser)*

Umgang mit Schwierigkeiten und Krisen:

»What Shall We Do with the Drunken Sailor« *(trad. Shanty)*
»We shall overcome« *(Joan Baez)*
»Über sieben Brücken musst Du geh'n« *(Karat/Peter Maffay)*

→

Umgang mit Neuem und Fremdem:

»Beiß nicht gleich in jeden Apfel« *(Wencke Myhre)*
»So schön kann doch kein Mann sein,
dass ich ihm lange nach wein'« *(Gitte Hænning)*
»Junge, komm bald wieder« *(Freddy Quinn)*
»Hello again« *(Howard Carpendale)*
»Heute hier, morgen dort« *(Hannes Wader)*
»Fremd bin ich eingezogen, fremd zieh' ich wieder aus«
*(Beginn des Liederzyklus »Die Winterreise«
von Franz Schubert)*

Gelebte Werte:

»Die Gedanken sind frei« *(deutsches Volkslied)*
»Marmor, Stein und Eisen bricht« *(Drafi Deutscher)*
»We Are the Champions« *(Queen)*
»Que Sera, Sera« *(Doris Day)*
»Somewhere over the Rainbow« *(Judy Garland)*
»Vielleicht liegt es daran, dass man von draußen meint,
dass in Euren Fenstern das Licht wärmer scheint« *(Schluss
von »Gute Nacht, Freunde« – Reinhard Mey)*

Diese Liste ließe sich beliebig ergänzen. Vielleicht ist Ihnen gleich ein weiterer Song eingefallen? Wie wäre es, mal im Team spielerisch solche Liedtitel zu sammeln? Je verrückter, umso besser. Gemeinsam können Sie so ein Stück der Organisationskultur bewusst machen und zum Klingen bringen. Was gilt offiziell? Und was ist die inoffizielle Hymne?

Aber nicht nur das Was, sondern das Wie ist unterschiedlich. Wie schräg darf es klingen? Ist nur unisono erwünscht oder die bewusste Reibung und Dissonanz gewollt? Ist eher ein klarer Rhythmus vorgegeben, ein Takt, nach dem sich alles richten muss? Wie viel Spielraum zum Improvisieren wird gewährt? Auch das Wer macht deutlich, wie eine Organisation tickt. Gibt es einen großen Dirigenten oder ist das alles eher wie bei einer Jam Session organisiert? Wie zwanglos kann musiziert werden?

Sie kennen sicher das Phänomen des Ohrwurms. Ein Musikstück, das so eingängig ist, dass es wie ein kleines Insekt direkt ins Ohr kriecht und sich tief einprägt. Es bleibt länger in Erinnerung und hat einen hohen akustischen Wiedererkennungswert. Die Musik, die ich höre, die Lieder, die ich singe, färben ab. Wie ein Ohrwurm, den ich nicht mehr aus dem Kopf bekomme.

Ähnlich wirkungsvoll ist die Dauerbeschallung von Musik. Sie ist gar nicht mehr bewusst, sie wird so selbstverständlich, dass ich sie überhaupt nicht mehr als solche wahrnehme.

»Wes Brot ich ess', des Lied ich sing« – damit wird die Spannung beschrieben zwischen den Interessen und Ansichten desjenigen, von dem ich wirtschaftlich abhängig bin, und meinen eigenen Standpunkten. Die Organisation fordert Loyalität nach außen.

Wer mich bezahlt, dessen Meinung und Interessen habe ich auch zu vertreten. Wie gehe ich damit um, wenn ich mich innerlich davon entferne, wenn mir manches Vertraute fremd wird? Wie kann ich mich weiter zuhause fühlen, auch wenn es mir schwerer fällt, die gängigen Lieder mitzusingen oder in die großen Hymnen einzustimmen?

Das nicht zu tabuisieren, sondern überhaupt wahrzunehmen und anzuerkennen ist die Basis für einen bewussten Umgang mit der Entfremdung. Der Soziologe Hartmut Rosa spricht von »Resonanz« als Erfahrung, sich in und trotz dieser Entfremdung daheim fühlen zu können.

Die Lieder und Songs, die Hits, Schlager und Evergreens einer Organisation bieten eine große Bandbreite an Identifikationsmöglichkeiten. Das Repertoire der gesamten Organisation ist in der Regel so reich und weit, dass ich mich darin auch bergen kann. Ich kann mich aufgehoben fühlen, auch wenn ich das eine oder andere gerade nicht oder nicht mehr mitsingen kann. Gleichzeitig brauche ich immer wieder aktuelle persönliche Resonanzerfahrungen.

Wichtig ist, mir andere zu suchen, die mit mir die gleiche Musik lieben, die ähnlich empfinden. Das Experimentieren mit Musik und Hören der Musikstücke, die in mir Resonanz erzeugen, schafft neue Ohrwürmer.

Manchmal braucht es auch ein »neues Lied«, damit die Musik auch die Veränderung ausdrückt, die geschieht. Und neue Lieder können eine Veränderung initiieren und begleiten. Mit meiner Stimme kann ich einstimmen und mein Lied singen. Damit präge ich auch den Zusammenklang und die Viel-Harmonie in der Organisation. Als individuelle Klangfarbe bin ich unverzichtbar für den Gesamtklang. Ich gestalte die Kultur der Organisation mit – unabhängig davon, wie fremd oder vertraut ich mich gerade fühle.

*Christine Ursel ist
Fortbildungsreferentin im
Diakonischen Werk Bayern –
Diakonie.Kolleg.Bayern.*

Heimat II

Heimat-Zugänge

Ellen Baumgärtel

Die gesellschaftliche Realität in Europa und speziell in Deutschland drängt jeden Einzelnen – auf verschiedene Art – zur Auseinandersetzung mit der Situation von Menschen aus anderen Ländern. Menschen, die uns hier auf ihrem Weg begegnen, der sie von ihrer Heimat durch fremde Länder führt, unklar, wann und wo er endet.

Nach dem staunenden Erfassen und Aktionen der Hilfe in den ersten Monaten ist der Umstand für Politik und Medien zu einem »Dauerproblem« geworden, wodurch das Interesse des Einzelnen schwinden mag. Für die Menschen, die mit dem unsensiblen Begriff »Flüchtling« gemarkt werden, schwinden die Probleme jedoch nicht.

Nicht Ratio, sondern nur Emotion kann da helfen: Verständnis erzeugt durch Empathie und gedanklichen Nachvollzug. Erfahrungs- und handlungsorientiert zur individuellen Auseinandersetzung mit den verschiedenen Aspekten der Situation jener Menschen, die ihre Heimat verlassen haben, zu bewegen.

Verschiedene »Mosaiksteine« sind denkbar für die Umsetzung im Kontext von Schule und Gemeinde und für verschiedene Altersgruppen vorstellbar:

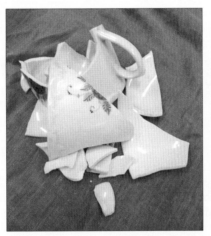

I. Methode des Kreativen Schreibens

Es geht um subjektiv erlebte Erfahrung des Schreibenden, durch Gedankenspiel der Vorstellung und »Verfremdung« reflektiert und kommentiert durch ihn selbst.

Gegenstandsmeditation

Beginnend mit einem Brainstorming zu thementypischen Gegenständen (z. B. zu einem zerbrochenen Gefäß, einem Rucksack, einem Messer, einer Decke, einem Plüschtier …), in dem die enthaltene Symbolik auch mehrperspektivisch gedeutet wird (Notizen zu Gedankensplittern), sollten im Anschluss daran in personalisierter Erzählweise aus der Gegenstandsperspektive heraus Erfahrungen, Erlebnisse der Flucht wiedergegeben werden.

Was ich erlebt habe … oder warum ich hier bin … oder ähnlicher Erzählanlass.

SMS an Freunde

Hier geht es darum, einen Lückentext individuell zu füllen und einen sinnvollen Textzusammenhang herzustellen: A, durch Auswahl aus Begriffsvorgaben oder B, freie Gestaltung

BEISPIEL-THEMA: FLUCHT

_ _ _ _ _ _ _ _ _ _ _ _ _ _ _ _ _ _ _   *[Titel entsprechend Wortwahl geben!]*

Sind seit _ _ _ _ _ _ unterwegs   *gestern, Tagen. Wochen*

Haben Zuhause _ _ _ _ _ _   *verlassen, gefunden, verloren*

Sind beisammen, doch _ _ _ _ _ _   *krank, voller Hoffnung, erschöpft*

An den Grenzen wurden _ _ _ _ _ _   *die Ängste groß, die Papiere registriert, viele festgehalten*

Alles _ _ _ _ _ _ gewesen   *unverständlich, in Ordnung, zu Ende*

Der Weg ist _ _ _ _ _ _   *abenteuerlich, unzumutbar, kräftezehrend*

Wir fühlen uns _ _ _ _ _ _   *isoliert, voller Mut, willkommen*

Kinderbilderbuch:
Kobald, I. / Blackwood, F.:
Zuhause kann überall sein.
Knesebeck 2015

Schreiben ist immer auch ein Schreiben über sich selbst, denn im Schreiben wird eine verstärkte Selbstwahrnehmung in Gang gesetzt; eigene Befindlichkeiten, Emotionen und Vorstellungen gehen in das Schreibprodukt ein und helfen bei der Identitätssuche. Schreiben ist nie ganz für sich allein, sich ausdrücken für Andere adressatenbezogen.

Gedichte

Zur Thematik HEIMAT individuell wichtige Aussagen wählen und daraus Gedichte nach den Strukturvorgaben von: Haiku, Schneeball, Wortpyramide, Elfchen oder Rondell-Gedicht entwerfen.

II. Mediale Zugänge

Online-Spiel

Methodisch nah in der Welt von Jugendlichen ist man mit dem Online-Spiel »Auf der Flucht«, dass nicht nur gespielt, sondern darüber hinaus unbedingt reflektiert werden muss, um die Problematik (Dilemma-Situation) der zu treffenden Entscheidungen in den Spielszenarien bewusst zu machen und nach möglichen Korrektiven zu suchen.

Online-Spiel »lastexitflucht« http://www.lastexitflucht.org (mit Unterrichtsmaterialien für Lehrer)

TV-Reportage

Da die »Welt« per Medien zu uns kommt, könnte eine weitere Möglichkeit der Sensibilisierung sein, über die Sekundärerfahrung des Gehalts der TV-Reportage »Leben im Asylheim« – eine Dokumentation über das Erstaufnahmelager in Eisenberg auch die Qualität der Berichterstattung zu beurteilen und Kriterien zu entwickeln, die für eine neutrale Berichterstattung wichtig sind.

https://youtu.be/GqJCzyEpHRQ (17.2.2015), 19 min)

Kinderbuch

Für jüngere Kinder eignet sich das Kinderbuch: »Zuhause kann überall sein« (Irena Kobald und Freya Blackwood, München 2015), dessen Bilderwelt die Kinder in die Geschichte hineinnimmt und Erfahrungen teilen lässt.

Warming up

→ Gesprächsrunde: Ein Ort, an dem Sie sich wohlfühlen, an dem Sie geborgen sind, wo Sie sein können, wie Sie sind, auftanken, sich verkrümeln, bei sich sein

→ Eine Kuscheldecke herumreichen oder in der Fantasie vorstellen: Wozu ist sie da? Welche Bedürfnisse befriedigt sie? Was könnte sie erzählen?

Bildbetrachtung

Bild aus dem Buch »Mädchen liegt unter ihrer Decke« betrachten und beschreiben (Farben, Muster und Dinge, Was sehen Sie?)

Kreativer Zugang

eine Schwarz-Weiß-Kopie des o.g. Bildes (Mädchen liegt unter der Decke) aushändigen; Bildteil ist Ausgangspunkt für die eigene Aneignung, jeder kann seine eigene »Kuscheldecke« weiterweben, entwerfen, gestalten und zeigen, was die eigene Decke ausmacht, was zu ihr gehört (Erinnerungen, Verbindungen, Trost …)

Technik: Collage, Kolorieren und mit dem Stift ergänzen …

Galerie: Bilder ausstellen und reihum betrachten, allgemeinen Eindruck wiedergeben (Was nehme ich wahr, was fällt mir auf?)

(Einen Beitrag von V. Leder zur Arbeit mit diesem Buch finden Sie hier im Heft ab Seite 40.)

»wordle«

Als Zusammenfassung einer vorausgegangenen Gesprächsphase eignet sich die Erstellung eines »wordle« zum Begriff Heimat. Der Umgang mit dem Gestaltungsprogramm word cloud creator schult nicht nur die Medienkompetenz, sondern ein so entstandenes Wordle (sehe rechts) zeigt übersichtlich die Themenaspekte und deren Wertigkeit.

Karikatur

Für ältere Heranwachsende eignen sich thematische Karikaturen, da sie deren satirischen Gehalt erfassen können (Aussage klären, Intention des Zeichners dahinter formulieren lassen) und die potenzielle Provokation einen akzeptablen Redeanlass zur eigenen Positionierung darstellt. Z. B. »Drei-Satz«-Rede: Eigene Position zur Aussage, Argumente und Belege (Bsp.) dafür aufzeigen. Karikaturen finden sich in aktuellen Zeitungsausgaben und im Internet.

III. Verschiedenes

Emotionale Zugänge zum Thema Heimat lassen sich über verschiedene Sinneskanäle erreichen. Als Beispiel sei den Fragen nachgegangen: »Wonach schmeckt, riecht und klingt deine Heimat?«

Dazu erfolgt z. B. die Begrüßung in verschiedenen Sprachen.

Musik, Lieder, Kochrezepte austauschen oder als Quiz erraten.

»Unterwegs den Mut behalten«, Spiele für den Zeitvertreib und Mutmacher auf der Reise zusammentragen. Wie geht es den Kindern und Jugendlichen, die den langen Weg durchstehen müssen? Dazu könnten spielerisch auch für die eigene Lebenswelt Spiele für den Zeitvertreib ausprobiert werden, um unterwegs den Mut zu behalten.

»Ich habe in meinem Koffer ...« – welche Lieder, Gebete und Geschichten bieten jedem persönlich Halt und Heimat, auch unterwegs (und auswendig)?

Auch könnte gemeinsam eine Andacht / Gottesdienst zum Thema »Flucht – Asyl – Heimat« erarbeitet werden, in der die verschiedenen Gedanken der Schüler Gestalt finden können (siehe Materialien).

Materialien »Heimat«

Themenheft der Heinrich-Böll-Stiftung (nur Versandkosten oder als Download): Böll. Thema »niemand flieht ohne Grund«

Bestellen unter: https://www.boell.de/de/2014/12/18/boellthema-flucht-migration

Heimat. Politik Lernen in der Schule. Polis aktuell (Download) www.politik-lernen.at/dl/qltmJMJKoMNmlJqx4KJK/pa_heimat_web.pdf

Gott mag die Ausländer. Biblische Herausforderungen zum Umgang mit Fremden
http://www.bibelwerk-rheinland.de/content/gott-mag-die-ausl%C3%A4nder-biblische-herausforderungen-zum-umgang-mit-fremden

Flucht und Vertreibung. In: grenzenlos 1 / 2007. Eine Welt in Schule und Gemeinde
http://www.sternsinger.org/fileadmin/upload/Materialien/Schule/Hefte_grenzenlos/grenzenlos_1_2007_NEU.pdf

Kinderbilderbuch:
Kobald, I. / Blackwood, F.: Zuhause kann überall sein. Knesebeck 2015

Ellen Baumgärtel ist Fachleiterin Evangelische Religion am Lehrstuhl für Evangelische Theologie am Martin-Luther-Institut der Universität Erfurt.

Zuhause kann überall sein

Kinder einer Bremer Kita lesen ein Bilderbuch über ein Flüchtlingsmädchen

Volkhard Leder

Für die Dietrich-Bonhoeffer-Gemeinde am Stadtrand von Bremen war es im Herbst 2015 eine Selbstverständlichkeit: Als direkt neben dem Kindergarten der Gemeinde eine provisorische Unterkunft für Flüchtlinge gebaut wurde, nahmen drei Kita-Gruppen spontan ein 21. Kind auf. Eine der Erzieherinnen stieß in einer Fortbildung der Bremisch Evangelischen Kirche auf das Bilderbuch »Zuhause kann überall sein« und setzte es in ihrer Gruppe ein.

DAS FLÜCHTLINGSMÄDCHEN WILDFANG

Wildfang, ein Mädchen irgendwo aus Afrika, muss vor dem Krieg fliehen. Sie kommt in ein herbstliches Europa. Alles hier ist ihr fremd. Dominierten in ihrer Heimat die Farben rot, orange, gelb, so ist hier alles hell. Hellblau bis hellgrau ist der Himmel und hell sind die Menschen. Sogar der Wind bläst hellgrüne oder hellbraune Blätter und die neue Sprache ist wie ein kalter Wasserfall. »Niemand sprach so wie ich. Es war, als wäre ich nicht mehr ich«, weiß Wildfang zu berichten.

Das Mädchen Wildfang besitzt eine rot-orangene weiche Decke. In diese mummelt es sich, wenn die Sehnsucht zu groß ist und ihr kalt ist. Trotzdem treibt es sie nach draußen. Im Park lernt sie ein Mädchen kennen. Die beiden freunden sich beim Spielen an und so lernt sie ihre ersten Worte in der neuen Sprache. Diese wandern peu a peu in eine neue Decke, die das Kind beginnt anzufertigen. Und wie die Decke langsam größer wird, so findet das Mädchen Gefallen an seiner neuen Heimat. Und schließlich kuschelt sie mit der zweiten in hellen Tönen gehaltenen Decke ebenso, wie sie es mit der ersten tat. Wildfang hat mit der Freundin, dem Spiel und der Sprache ein neues Zuhause gefunden. »Ich bin immer ich!«, fasst sie ihre neue Erfahrung zusammen.

»Zuhause kann überall sein« ist ein anrührendes Bilderbuch, das sich mit poetischen Bildern und literarischer Empathie der Situation von Flüchtlingskindern nähert. Hiesigen Kinder, die auf Flüchtlingskinder treffen, vermittelt es das Gefühl, was es bedeutet, fliehen zu müssen, alles hinter sich zu lassen und ein neues Zuhause zu finden. Den Farben in dem Bilderbuch kommt dabei eine besondere Rolle zu. Ist das alte Zuhause in ein leuchtendes Rotorange gehalten, so erscheint die neue Heimat in einem Hellblau-Hellgrau-Hellgrün. Die beiden Kuscheldecken des Mädchens sind jeweils in diesen gegensätzlichen Farbtönen gehalten. Erst auf dem letzten Bild des Buches sind beide Farbwelten, also beide Welten der Wildfang nicht mehr getrennt, sondern verbinden sich.

SIEBEN JUNGS UND EINE KUSCHELDECKE

Das Symbol der Kuscheldecken im Buch soll bei der Lesung in der Gruppe eine zentrale Rolle spielen. Eine Decke wird von Beginn an dabei sein und nach und nach den Gedanken, Wünschen und Gefühlen der Kinder Ausdruck geben. Kuscheltiere und andere vertraute Objekte helfen Kindern, Übergänge zu bewältigen. Sie bringen sie von Zuhause mit, damit sie sie durch die Höhen und Tiefen des Alltages begleiten und wenn es sein muss, Trost spenden. Wenn die Kinder sich in der Kita eingewöhnt haben, werden sie bald obsolet. Die Kuscheldecken des Buches sollen also als Übergangsobjekte dienen. Gleich zu Beginn findet die kleine Gruppe von Kindern, Edmir, Joel, Liam, Antoni, Julius, Domenik und Danil diese eine Decke vor, um die sie sich setzen. Mit den ersten Bildern schon hören sie gespannt auf die Worte der Erzählerin und schauen ebenso gebannt auf die Zeichnungen mit ihren so unterschiedlichen Farbgebungen.

Die kleine Gruppe von Jungen besteht zum größten Teil aus Kindern, deren Eltern in der ersten Generation zugewandert sind. Ein Junge ist mit seiner Familie kürzlich aus Albanien nach Deutschland geflohen. Die Mehrzahl der Kinder braucht Unterstützung zum Spracherwerb. Für das Flüchtlingskind geht es um eine erste Sprachanbahnung. Ein Buch, das seine Geschichte mit Bildern erzählt, ist da ein geeignetes Medium. So findet die Gruppe zu jeder Seite des Buches die jeweiligen deutschen Bezeichnungen der wahrgenommen Handlungen, Personen und Gegenstände. Die Kinder helfen sich dabei gegenseitig, finden die passenden Worte und achten auf die richtige Aussprache. Die Erzieherin greift unterstützend oder korrigierend ein.

Oft vermeiden Erzieher und Erzieherinnen das Thema Flucht, sie haben Angst vor einer Retraumatisierung von Kindern mit Fluchterfahrung. Aber es ist wichtig, Kindern Deutungs- und Bewältigungsangebote zu Fluchterfahrung zu machen. In dem Buch finden Kinder in den beiden Protagonistinnen ein angemessenes

Bild: Edmirs Geschenke (Rechte beim Autor)

Gegenüber. Die Geschichte eröffnet ihnen eine andere Perspektive auf ihr Tun und findet im doppelten Sinne eine Sprache, wo ihnen die Worte fehlen. Und es bietet die Möglichkeit, unabhängig von der eigenen Person über Fluchterfahrungen zu sprechen.

WILDFANGS ERSTE WORTE

Schnell entwickeln die Kinder der Kindergartengruppe Empathie für Wildfang, die sich so fremd fühlt. Sie gestalten mit der Erzieherin die Decke, um die sie sich mehrere Male schon versammelt hatten. Sie basteln aus Papier einen Vogel (Wildfangs erstes Wort in der neuen Sprache). Mit der Frage nach ihrem eigenen ersten Wort werden die Kinder zu ihren Eltern geschickt. Außerdem malen sie ein Bild mit Wünschen für Wildfang und ihr neues Leben.

Edmir, das Flüchtlingskind aus Albanien zeichnet ein Haus für Wildfang. Dazu einen Eimer und einen Mond und eine Sonne. Domenik, der ein Viereck und Rechteck für Wildfang zeichnete, sagt: »Ein Viereck und ein Langeck habe ich gemalt. Das sind schöne Wörter. Das ist gut für Deutsch.« Die ersten Worte der anderen Jungen werden auch aufgeschrieben: Mama, Papa, gaga und Auto steht da zu lesen. Und ihre Bilder zeigen unterschiedlichste Wünsche und Geschenke für Wildfang: eine Sonne und ein Klettergerüst, ein Auto, ein Handy mit Kopfhörern und einen Roller und ein Mädchen als Freundin. Aber alle Kinder zeichneten ein Haus, in dem das Flüchtlingsmädchen wohnen kann.

EIN SICHERER ORT FÜR KINDER

Ein Dach über dem Kopf für Wildfang – in diesen Bildern eines Hauses manifestiert sich, was die sieben Kinder der Gemeinde Bonhoeffer intuitiv verstanden haben: Flüchtlingskinder brauchen einen sicheren Ort, einen Ort, an dem sie sich aufgehoben fühlen. Einen Ort, an dem sie von sich sagen können: »Ich bin immer ich!«

Einige Zeit hing die Decke dann im Foyer der Kita und brachte Eltern und Kinder ins Gespräch über das Thema Flucht. Für Edmir war die Kita Bonhoeffer die längste Zeit ein sicherer Ort, denn er und seine Familie wurden letztes Frühjahr abgeschoben.

Volkhard Leder ist Pastor für Religionspädagogik der Bremischen Evangelischen Kirche.

Kobald, Irene und Blackwood, Freya, Zuhause kann überall sein, München 2015 (auch in deutsch-arabisch erhältlich); ISBN 978-3-86873-757-8. Knesebeck Verlag München

Böttinger, Ulrich und Fröhlich-Gildhoff, Klaus (Hg.), Stärkung von Kita-Teams in der Begegnung mit Kindern und Familien mit Fluchterfahrung, Handreichung für pädagogische Fachkräfte, Freiburg 2016

Fremde Menschen müssen sich nicht fremd bleiben – sie brauchen nur eine Gelegenheit, sich kennen zu lernen. Gerade Spiele und Aktionen, wie sie in der folgenden Auswahl beschrieben werden, eignen sich dazu. Leichtigkeit, Spaß und Freude werden geweckt, Neugier und Spannung gesellen sich dazu. Gemeinsam Zeit verbringen und etwas erleben, miteinander spielen, den anderen verstehen, wissen, was ihm/ihr wichtig ist, was man gemeinsam hat, was besonders an ihm/ihr ist– geht da Fremdheit verloren und fängt Vertrautheit und Freundschaft an?

Die Spiele und Aktionen eignen sich für jeden, der gerne mitmachen möchte. An einigen Spielen können auch jüngere Kinder und Spieler, die erst wenige Worte Deutsch können, mitmachen.

Spiele und Aktionen, die zusammenbringen

Dorothee Schneider

BEGRÜSSUNG INTERNATIONAL

Jeder Spieler zieht einen Zettel, auf dem eine Begrüßungsgeste steht, die in einer Region/einem Land/einem Volk typisch ist. Jeweils zwei Spieler erhalten die gleiche Begrüßungsgeste. Sie müssen ihren Partner finden, indem sie durch den Raum gehen und andere Spieler in beschriebener Weise begrüßen, bis sie den Spieler finden, der ihnen mit der gleichen Begrüßungsgeste begegnet.

Haben sich alle Paare gefunden, können weitere Begrüßungsgesten ergänzt und gezeigt werden.

Impulse für ein Nachgespräch:
– Welche Begrüßungsgesten waren bekannt
  und welche waren angenehm? Warum?
– Gab es Begrüßungen, die anders (als Feindseligkeit/
  Annäherungsversuch …) verstanden wurden?
– Was tun bei unterschiedlichen Gesten?
  Welche Regel soll gelten?

Beispiele für Begrüßungsgesten:
• Arabien: mit der Hand vom Gesicht
  bis zum Bauch streichen (Salam)
• Europa: Hände schütteln
• Eskimos: Nasen aneinander reiben
• Frankreich: Kuss auf die Wangen
  (rechts links mit leichtem Schmatzgeräusch)
• Hawaii: Surfergruß, rechte Hand zur Faust ballen,
  aber Daumen und kleinen Finger spreizen (Shaka)
• Indianer: erhobene rechte Hand
• Indien: Verbeugung mit gefalteten Händen (Namaste)
• Japan: Tiefe Verbeugungen, kniend

Anzahl der Spieler: gerade Zahl, ab 8
Spieldauer: ca. 7 Minuten
Materialien: Zettel mit Begrüßungsgesten (je 2)

IDENTITÄTSKETTE – WAS MIR WERTVOLL UND WICHTIG IST

Jeder Mensch trägt eine wertvolle Kette bei sich, die sichtbar wird, wenn man miteinander ins Gespräch kommt und sich gut kennt.

Im Plenum wird überlegt, was für die Identität eines Menschen wichtig ist. Begriffe werden gesammelt, die Aspekte sozialer Identität sind. Anschließend werden diese zusammengefasst. Es entstehen 6–8 Kategorien. Die Spieler denken darüber nach, welche der Kategorien welche Rolle für die eigene Identität spielt. Anhand dieser Überlegungen stellt jeder eine individuelle Kette zusammen. Die Perlenzahl kann begrenzt werden (ca. 15 Perlen).

Die Spieler präsentieren ihre Ketten.

Fragen für das Nachgespräch:
– Wie war es, die eigene Kette herzustellen?
– Was war überraschend? Was war schwierig?
– Hätte deine Kette vor 5 Jahren auch so
  ausgesehen? Was bleibt, was verändert sich?
– Wodurch verändert sich die Identität?
– An welchen Orten spielt welcher Aspekt der Identität
  eine größere Rolle? Gibt es Aspekte, die zurückgehalten
  werden? Warum?
– Wie wird die Kette in 5 Jahren aussehen?

Anzahl der Spieler: ab 4
Spieldauer: mindestens 20 Minuten
Materialien: Stifte, Papier, Perlen, Faden/Schnüre oder Ausmalvorlage Kette mit Perlen (ZEOK)

DU AUCH?! EIN KENNENLERNSPIEL

Es geht darum zu erfahren, dass es viele Gemeinsamkeiten gibt, die man auf den ersten und zweiten Blick nicht sieht. Die Fragestellungen sollten zur jeweiligen Gruppe passen und sich auf Merkmale beziehen, die nicht so ohne weiteres sichtbar sind.

Alle Spieler sitzen im Stuhlkreis. Es wird angesagt, welche Personen die Plätze wechseln können:
Alle:
– die gerne Schokolade essen,
– deren Vorname mit B beginnt,
– die gerne verreisen,
– die gerne Geschenke bekommen,
– die einen besten Freund/eine beste Freundin haben,
– die gerne essen,
– die ihre Großeltern sehr gern haben …

Anzahl der Spieler: mindestens 3
Spieldauer: hängt von der Anzahl der Fragen ab
Materialien: keine

DAS SPINNENWEBSPIEL

Die Spieler stehen im Kreis. Ein Wollknäuel wird von einem Spieler, der das Fadenende festhält, zu einem anderen Spieler seiner Wahl geworfen, der es wieder einem anderen zuwirft, so dass ein Spinnennetz entsteht. Das Zuwerfen des Wollknäuels von einem zum nächsten kann mit aufeinanderfolgenden Aufgaben verbunden werden, z. B. mit dem Nennen des Namens, dem Lieblingstier, der Lieblingsblume …

Ist das Spinnennetz groß geworden, kann man testen, wie gut das Netz hält und es durch den Raum tragen und dabei versuchen, die Spannung zu halten und Hindernisse wie Stühle und Tische überwinden.

Anzahl der Spieler: mindestens 8
Spieldauer: ab 15 Minuten
Material: Wollknäuel

KETTENREAKTION

Die Spieler stehen im Raum verteilt. Einer beginnt und sucht sich einen anderen Mitspieler, der ihm in einem Merkmal ähnlich ist (die gleiche Haarfarbe, die gleiche Größe hat oder z. B. ebenso gerne Nudeln isst). Beide fassen sich an den Händen und der zweite sucht nun aus den Mitspielern wiederum eine Person, mit der er etwas gemeinsam hat – bis zum Schluss alle miteinander verbunden sind und zusammenhängen. Der letzte und der erste Spieler in der Kette finden eventuell auch etwas Gemeinsames – so schließt sich die Kette zu einem Kreis.

Das Spiel kann mehrmals wiederholt werden und immer neue Reihungen ergeben. So zeigt sich, dass alle etwas Gemeinsames haben und trotz vielfältiger Unterschiede auf vielfältige Weise zusammengehören.

Anzahl der Spieler: mindestens 5
Spieldauer: ab 10 Minuten
Materialien: keine   (nach R. Portmann, Die 50 besten Spiele zur Inklusion, S. 49)

DAS HABEN WIR GEMEINSAM

Die Spieler bilden Kleingruppen von höchstens sechs Kindern und Erwachsenen. Sie suchen in einer vorgegebenen Zeit möglichst viele Merkmale, in denen sie sich gleichen.

(Beispiele für Merkmale: Haarfarbe, Augenfarbe, Farbe der Kleidungsstücke, Lieblingsspeise, Automarke, Sportart …)

Jede Gruppe gibt sich einen Namen und stellt die gemeinsamen Merkmale den anderen vor.

Die Gruppe mit den meisten gleichen Merkmalen gewinnt.

Nachdem sich jede Gruppe vorgestellt hat, kann überlegt werden, ob es Merkmale gibt, die die Spieler aller Gruppen gemeinsam haben.

Anzahl der Spieler: ab 6
Spieldauer: 10 Minuten
Materialien: keine

Literatur:
Portmann, R.: Die 50 besten Spiele zur Inklusion. München 2013
ZEOK e.V. (Hrsg.): Mein Gott, kein Gott – Interreligiöse Kompetenzen stärken, Leipzig

Link: http://www.spielewiki.org/wiki/Begrüßung_international

Dorothee Schneider, Dozentin am PTI der Evangelischen Kirche in Mitteldeutschland und der Evangelischen Landeskirche Anhalts in Neudietendorf

»Ein flüchtiger Blick auf die philippinische Situation«: Titelbild zum Weltgebetstag 2017 von der philippinischen Künstlerin Rowena »Apol« Laxamana-Sta Rosa.

»Die ganze Welt ist unsere Pfarrei«

Wegweisende Grenzüberschreitungen beim Weltgebetstag

Irene Tokarski

Wissen Sie, wo Samoa liegt oder Surinam oder Vanuatu? Das ist keine Frage aus »Wer weiß denn so was?«. Nein, das sind Weltgebetstagsländer des beginnenden 21. Jahrhunderts. Der Weltgebetstag (WGT) der Frauen wird jedes Jahr von christlichen Frauen aus einem anderen Land vorbereitet und dann am ersten Freitag im März nacheinander durch die verschiedenen Zeitzonen hindurch in mehr als 100 Ländern insgesamt 24 Stunden lang gefeiert. Eine ökumenische Basisbewegung, die sich seit 130 Jahren gegen die männliche Dominanz in den Kirchen durchsetzt und Frauen weltweit auf vielfältige Weise ermächtigt. Sicher kennen viele den Weltgebetstag aus ihrer eigenen Praxis. Mit vielen Klischees behaftet und oft als verstaubt belächelt, aber man und frau sollte die Wirkungen dieses Weltgebetes nicht unterschätzen.

Nach 20 Jahren in der kirchlichen Bildungsarbeit und einigen Jahren mit dem *Día Mundial de Oración* (WGT) in Bolivien, rufen die Erfahrungen der ersten 180 Tage in der Geschäftsstelle in Stein vor allem Erinnerungen an die christlichen Basisgemeinden in Lateinamerika wach: Einfache Menschen aus dem Viertel übernehmen die Leitung der Gottesdienste, trauen sich vor großem Publikum aufzutreten, was sie in ihrem »normalen« Leben kaum tun würden. Wer am ersten Freitag im März vor Ort ist, mag manches dilettantisch finden, mit wenig theologischem Wissen und liturgischem Gespür. Diese Frauen tun es trotzdem, nicht weil sie plötzlich dem Größenwahn verfallen sind, sondern weil sie sich von einer weltweiten Gemeinschaft getragen fühlen, der die Heilige-Geist-Kraft etwas ganz Besonderes anvertraut hat: das alle Grenzen überschreitende gemeinsame und laute Gebet.

Erste Grenzüberschreitung: Da sind zunächst eine Million Frauen, Kinder und Männer, die in Deutschland über ihren Kirchturm hinausschauen und sich jedes Jahr mit der Situation von Frauen in einem anderen Land, mehrheitlich des globalen Südens, auseinandersetzen. Keine andere Einrichtung der entwicklungspolitischen Bildungsarbeit in Deutschland erreicht eine nur annähernd vergleichbar große Zielgruppe. Da geht es zwar auch um Kochrezepte aus dem jeweiligen Land, aber bei weitem nicht nur. Am Beispiel des philippinischen Gottesdienstes für diesen 3. März 2017 erklären Frauen am Thema Reis, wie der Welthandel funktioniert – oder besser nicht funktioniert, welchen Anteil wir im Norden daran mit unserem Konsumverhalten haben und wie die Korruption vor allem die Länder des Südens im Würgegriff hat. Bei Tausenden von Vorbereitungstreffen wird aber auch aufgezeigt, wie Reis die Theologie der Philippinen geprägt hat. Er wird im Gottesdienst in kleinen Tütchen verteilt werden, damit wir ihn zuhause unter den eigenen mischen können, uns also buchstäblich einmischen. Und sicher wird es in vielen Gemeinden Reis mit Kokosnuss (ein Hauptexportgut der Philippinen) als kleine Nachspeise nach dem Gottesdienst geben. So näh(e)rt sich frau ganzheitlich an die entwicklungspolitische Fragestellung auf den Philippinen und weltweit an.

Zweite Grenzüberschreitung: Das gemeinsame Gebet überschreitet zweitens dabei bewusst die über Jahrhunderte blutig verteidigten Grenzen der christlichen Konfessionen: Gerade im Reformationsjahr bekennen Frauen beim deutschen Weltgebetstag laut und sichtbar: 500 Jahre Trennung sind genug, *wir* beten zusammen. Die Ökumene, über die in ihrer Mehrzahl männliche Theologen und Kirchenobere weiter streiten, wird von diesen mehrheitlich Laien-Frauen einfach gelebt und herbeigebetet. Bei den bundesweiten Schulungen der Multiplikatorinnen im letzten Jahr konnte ich erleben, wie nach Tagen der intensiven gemeinsamen Arbeit plötzlich

→

die Frage nach den anwesenden Konfessionen auftauchte. Es war eine Frage des Interesses an den anderen, des sich noch besser Kennenlernens, nicht der Abgrenzung. Für den Weltgebetstag 1982 haben Frauen aus dem überwiegend katholischen Irland und dem stark protestantisch geprägten Nordirland gemeinsam den Gottesdienst vorbereitet – lange vor dem Friedensabkommen im Jahr 1998.

Dritte Grenzüberschreitung: Der Weltgebetstag ist eine Basisbewegung von Frauen, die keine Hierarchie braucht. In vielen Ländern gibt es kaum Strukturen. Es ist also im besten Sinne des Wortes eine *charismatische* Bewegung. Frauen treffen sich Anfang des Jahres, studieren die Gebets- und Bibeltexte, informieren sich über das jeweilige Land, trommeln andere zusammen, bereiten den Gottesdienst vor. In zahlreichen Ländern und Konfessionen auch gegen den Willen ihrer Kirchenoberen, und ohne finanzielle Mittel – außer dem, was jede Einzelne beisteuert. Aber sie lassen sich nicht beirren oder entmutigen. Es ist jener zähe, positive Graswurzelwiderstand, der schon die biblischen Frauengestalten wie Rahab oder Ruth im Ersten oder die syro-phönizische Frau im Zweiten Testament ausgezeichnet hat. In Deutschland gibt es einen gemeinnützigen Verein, der mit schlanker Organisation die Beteiligung der Frauen aus zwölf Mitgliedsorganisationen und neun verschiedenen Konfessionen an den Entscheidungen sichert. Zum Leben kommt der WGT vor Ort aber durch Tausende ehrenamtliche Frauen.

Die vierte Grenzüberschreitung ist eine urchristliche und spirituelle, die seit dem Beginn des Christentums selbstverständlich war und es trotzdem nicht immer ist. Wer für andere betet, darf es nicht bei frommen Sprüchen belassen. Im Motto des internationalen Weltgebetstages kommt dies klar zum Ausdruck: Informiert beten – betend handeln. In jedem Gottesdienst weltweit ist die konkrete Hilfe für Menschen in Not Teil des Weltgebetes. Dabei kommt es zunächst nicht auf die Höhe der Gabe an. Der unscheinbare Obulus einer armen Witwe aus Syrien wiegt dabei genauso schwer wie 2,7 Millionen Euro Kollekte beim Weltgebetstag in Deutschland.

Es geht um gelebte Solidarität. Mit der deutschen Kollekte werden Frauenprojekte weltweit unterstützt. Auch die Förderpoliktik ist mehr ausgerichtet auf begleitende und mutmachende Unterstützung als auf große Geldsummen. In den Philippinen unterstützen wir unter anderem mehrere Organisationen, die Rechtsberatung für Arbeitsmigrantinnen im Ausland anbieten: Für philippinnische Haushaltshilfen in den arabischen Staaten, die oft Muslima sind, Krankenschwestern in Deutschland oder Kindermädchen in den USA – und dies zum Teil seit mehr als 20 Jahren. Es geht um Ermächtigung, damit Frauen ihre Rechte einfordern können. Diese gelebte Solidarität kennt keine Grenzen und findet ihren Ausdruck natürlich auch in Tausenden von unentgeltlichen Arbeitsstunden, die Frauen jedes Jahr in ihren Gemeinden leisten: In der Sorge für Flüchtlinge oder verarmte alte und kranke Menschen oder im Kindergottesdienst. Das meiste davon wird im Verborgenen einfach getan, ohne Aufhebens. Doch einmal im Jahr kommen diese Frauen zusammen und sagen es laut und weltweit: Jeder Mensch dieser Erde hat das Recht auf Leben und die gleiche Würde und ist von Gott geliebt.

Für die Frauen des Weltgebetstages rückt die Welt enger zusammen. Um mit John Wesley zu sprechen, denn schließlich waren an der Gründung wesentlich methodistische Frauen beteiligt: »Die ganze Welt ist ihre Pfarrei.« Sie fangen an, Menschen aus anderen Kontinenten auf Augenhöhe zu begegnen. Sie öffnen ihre Türen, sowohl die ihrer Wohnungen als auch die ihres Herzens. Und sie wissen ganz genau, wo Samoa, Surinam und Vanuatu liegen und wie Frauen dort leben.

Dr. Irene Tokarski ist seit 2016 Geschäftsführerin des Deutschen Komitees des Weltgebetstags der Frauen. Die Theologin und hat zuvor 20 Jahre in Bolivien in der katholischen Erwachsenenbildung und Entwicklungszusammenarbeit gearbeitet.

Leid – Tod – Auferstehung

Geschichten der Passions- und Osterzeit mit interreligiösem Zugang

Helgard Jamal

Ein vierjähriger Junge verkündet freudig: »Wenn alle Menschen gestorben sind, dann sind alle wieder zusammen!« Dieses Fazit zieht er aus Gesprächen in seiner Familie. Er lebt mit Christen, Muslimen und konfessionsfreien Angehörigen zusammen. Christsein in der Passions- und Osterzeit wird heutzutage in den Familien, der Gemeinde und in den Bildungseinrichtungen mit andersgläubigen und konfessionsfreien Menschen gelebt.

Jeder Mensch weiß um die Tatsache, dass von 100 Personen 100 sterben werden. Doch wird das Thema Leid, Tod und Auferstehung manches Mal ausgeklammert. Es gibt ein Unbehagen, darüber im Erwachsenenkreis oder mit Kindern zu sprechen, eigene religiöse Vorstellungen und Erfahrungen mitzuteilen. Dennoch, jeder Mensch wird im Laufe seines Lebens mit Leid und Tod konfrontiert, durchlebt die Trauerphasen Schock, aufbrechende Emotionen und Reorganisation, versucht die Fragen »Warum?«, »Wozu?«, »Wohin?« für sich zu beantworten und versucht

Trost mit oder ohne Auferstehungsglauben zu finden. Die Passionszeit und das Osterfest können die Frage: »Was tröstet?« in interreligiöser Perspektive aufnehmen.

In unserer Gesellschaft erlebt jedes Kind mit allen Sinnen österliche Symbole. Es fühlt den flauschigen Osterhasen, sieht die Osterblumen, riecht das Ostergebäck, schmeckt die Ostereier und hört womöglich die Geschichte von der Christin und Königstochter Katharina, die dem Kaiser von Rom vom Leben und der Auferstehung Jesu erzählt. Es hört: »Der Kaiser lacht und sagt: ›Auferstehung, daran kann ich nur glauben, wenn aus einem Stein neues Leben erweckt wird.‹ Daraufhin holt Katharina ein ausgebrütetes Entenei und legt es dem Kaiser vor die Füße. ›Na, willst du es versuchen?‹ spottet der Kaiser. Da reißt die junge Ente einen Spalt in die Schale und befreit sich. ›Scheinbar tot und doch Leben‹, sagt Katharina.« – Der Kaiser soll sehr nachdenklich geworden sein. Und so wurde das Ei zum Osterei.

Biblisches Bodenbild *interreligiös*

Diese Geschichte ist schön und das Osterei ist ein herrliches Symbol, es fehlen mir jedoch die Erzählungen der Passions- und Ostergeschichten. Es fehlt der kostbare Überlieferungsschatz in Erzählungen, Weisungen, Gebeten, Liedern und Psalmen, es fehlen die Gott-Entdecker-Geschichten (vgl. Harz 2014, 63 f.).

Die Passions- und Ostergeschichten werden in meinem Buch: »Ostern – Tod und Auferstehung« (Jamal 2013) in zwölf Szenen erzählt: 1. Jesus zieht in Jerusalem ein. 2. Jesus weint über Jerusalem. 3. Das letzte Abendessen mit den Jüngern – Gründonnerstag. 4. Jesus wird verhaftet. 5. Petrus verleugnet Jesus. 6. Jesus wird getötet – Karfreitag. 7. Jesus wird begraben. 8. Jesus ist auferstanden – Ostern. 9. Maria Magdalena trifft Jesus – Ostern. 10. Zwei Jünger treffen Jesus. 11. Jesus redet mit Thomas. 12. Jesus vergibt Petrus.

Meine Erzählungen orientieren sich relativ genau am Bibeltext ohne bildreiche Erläuterungen, jeder Erzählende hat natürlich zu Recht seinen ganz eigenen Stil. Ich verknüpfe meine Erzählungen für Kinder mit der Methode: »Biblisches Bodenbild *interreligiös*« (Jamal 2016, 9–16), die hier in Ansätzen vorgestellt wird. Mir liegt daran, in der Einleitung dieser Methode auch *die* Kinder einzubinden, die nicht getauft sind, insbesondere Juden und Muslime, die genauso an den gemeinsamen Schöpfergott und an die Auferstehung glauben. Die Einleitung ist auch ein Beitrag gegen ein Intoleranz-Potenzial, das es in

→

unserer Gesellschaft gegenüber Juden und Muslimen gibt. Aber natürlich werden *alle* Kinder angesprochen und das Miteinander wird unterstützt.

Einleitung – Anfangsritual

Ich beginne *vor* der Erzählung einer Geschichte als Einleitung sinngemäß mit den Worten: »Juden, Christen und Muslime glauben, dass Gott die Welt erschaffen hat. Er ist der Schöpfer aller Pflanzen, Tiere und Menschen. Er liebt jeden Menschen – Dich und mich und sagt: *Behandle den anderen Menschen so, wie du selbst behandelt werden möchtest!* Das ist die *Goldene Regel*, die in allen

Religionen – in den Abraham-Religionen Judentum, Christentum und Islam und auch in den Religionen Hinduismus und Buddhismus – erzählt wird und in allen heiligen Schriften steht. Dieser Grundsatz ist für alle Menschen wichtig, damit ein gutes Zusammenleben gelingen kann.

Gott hat uns den Himmel mit Sonne, Mond und den Sternen geschenkt und die Erde mit Acker, Wiesen, Flüssen, der Wüste, den Bergen und das Meer. Wir gestalten jetzt den Himmel und bebauen die Erde. Zunächst legen wir auf diesen blauen Stoff Sonne, Mond und Sterne.« Nun werden reihum Strohhalme verteilt.

Jedes Kind legt einen Stern. Zwei Kinder legen Sonne und Mond.

»Gott hat uns Kräuter, Pflanzen und Bäume geschenkt«, symbolisch kann ein Zweig gelegt werden. »Auf der Erde leben Tiere und Menschen.« Die Kinder bekommen Wassertiere, Tiere, die in der Luft fliegen, Landtiere und zwei Menschen (Adam und Eva) reihum gereicht. Jedes Kind kann ein Tier wählen. Die Kinder stellen die Tiere auf die Erde (brauner Stoff), in die Wüste (gelber Stoff), auf das Weideland (grüner Stoff) oder ins Wasser (blauer Stoff) und können die Tiere benennen.

Mit dieser kurzen Rückbesinnung auf die Schöpfungsgeschichte werden die Kinder durch das Anfangsritual immer wieder *vor* jeder biblischen Erzählung für den Religionsfrieden unter den Menschen der Weltreligionen sensibilisiert: Juden, Christen und Muslime sehen Gott als Schöpfer, dem Menschen liebevoll zugewandt und die *Goldene Regel* findet sich in allen Religionen und *alle* Menschen tragen für den Frieden Verantwortung.

Biblische Geschichte

Nun wird die biblische Geschichte erzählt und eine Auswahl der Naturmaterialien wie zum Beispiel Kastanien, Blüten, Holzscheiben, Eicheln, Muscheln, Samen, Tannenzapfen, Blätter, Steine, Dornen, Ähren, Blumen, Zweige, Nüsse, Körner, Schafwolle, Sand und die Figuren werden entsprechend der Geschichte auf das Bodenbild gelegt/gestellt. Alles, was gelegt wird, ist gut und darf nicht verändert werden! Jedes Bild wird wertgeschätzt im Sinne der Schöpfungsgeschichte: Und Gott sah, dass es gut war. Das Kind erfährt: Mein Tun und Handeln und das Tun und Handeln des anderen Kindes sind wertvoll, die Erfahrung von Unterschiedlichkeit ist bereichernd und führt zu einem gelungenen, gemeinsam gelegten und harmonischen Bodenbild. Das Naturmaterial führt zum Ursprung der Schöpfung. →

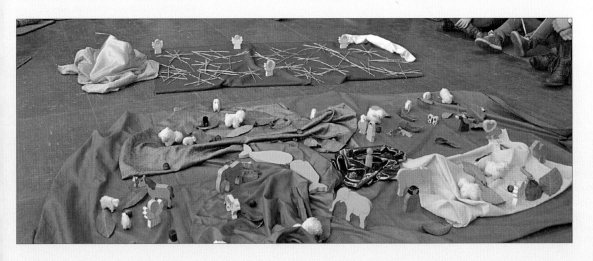

Interreligiöse Perspektive

Die interreligiöse Perspektive ergibt sich während der Erzählung oder nach der Erzählung durch Hinweise auf Judentum und Islam. Es kann deutlich werden: Gemeinsamkeiten verbinden, Unterschiede sind normal. Sie sehen in der folgenden Tabelle mögliche Inhalte:

Wenn die Passions- und Ostergeschichten erzählt werden, ist mir wichtig, dass die Geschichten: »Kreuzigung und Auferstehung Jesu« für Kinder im Zusammenhang erzählt werden. So wird zum Ausdruck gebracht, dass der Trost der Auferstehung stärker ist als der Tod.

Inhalte	Judentum	Christentum	Islam
Entstehungszeit	Vor ca. 3500 Jahren	Vor ca. 2000 Jahren	Vor ca. 1400 Jahren
Gottesvorstellung	Gott Abrahams (Hebräisch: Jahwe) Monotheismus/Glaube an *einen* Gott	Gott Abrahams (Trinität/Dreifaltigkeit: Gott = Vater, Sohn und Heiliger Geist.) Monotheismus/ Glaube an *einen* Gott	Gott Abrahams (Arabisch: Allah) Monotheismus/Glaube an *einen* Gott
Stammvater Abraham	Abraham > Isaak > Mose	Abraham > Isaak > Jesus	Abraham > Ismael > Muhammad
Wichtigste Person	Mose (Moshe) als höchster Prophet	Jesus Christus als Sohn Gottes	Muhammad als Siegel der Propheten
Weitere wichtige Personen (Auswahl in deutscher Sprache)	Adam und Eva, *Noah, Abraham, Sarah, Isaak, Rebekka, Jakob, Lea, Rahel,* Josef, Mose, Josua, Debora, Samuel, Saul, David, Salomo, Hiob, Jesaja	*Adam und Eva,* Noah, *Abraham,* Isaak, Jakob, Josef, Mose, Saul, *David,* Salomo, Johannes der Täufer, *Jesus Christus, 12 Jünger, Paulus*	Adam und Eva, *Noah, Abraham,* Ismael, Isaak, Jakob, Josef, *Mose,* Saul, David, Salomo, Johannes der Täufer, *Jesus Christus, Muhammad*
Heilige Schrift	Thora	Bibel	Koran
Gotteshaus	Synagoge	Kirche	Moschee
Jesus	Rabbi (Lehrer) und Bruder (Hebräisch: Jehoshua)	Sohn Gottes (Wiederkommen am Ende der Zeit)	Prophet (Arabisch: Isa) (Wiederkommen am Ende der Zeit)
Auferstehung Texte aus den Heiligen Schriften	Denn der Staub muss wieder zur Erde kommen, wie er gewesen ist, und der Geist wieder zu Gott, der ihn gegeben hat. *Prediger 12,7*	Und wenn ich hingehe, euch die Stätte zu bereiten, so will ich wiederkommen und euch zu mir nehmen, damit ihr seid, wo ich bin. *Johannes 14,3*	Dies, weil Gott die Wahrheit ist, und weil Er die Toten lebendig macht, und weil Er Macht über alle Dinge hat. Und weil die Stunde zweifellos kommt, und weil Gott alle in den Gräbern aufweckt. *Sure 22,7*
Gedenken der Toten	Am Todestag treffen sich jährlich die Angehörigen auf dem Friedhof.	Ewigkeitssonntag – Die Namen der Verstorbenen aus dem letzten Jahr werden im GD verlesen.	40 Tage nach dem Todestag treffen sich Angehörige zum Gebet und zum Essen.
Gebote/Ziele	10 Gebote *5. Mose 5,6–21*	Liebe Gott, deinen Nächsten, dich selbst *Lukas 10,27*	Fünf Säulen: Bekenntnis, Gebet, Sozialsteuer, Fasten, Pilgerfahrt
Goldene Regel	Behandle andere so, wie du behandelt werden möchtest!		

Literatur:

Jamal, Helgard (2013): Ostern – Tod und Auferstehung. Biblische Geschichten in Begegnung mit Judentum und Islam 11, EB-Verlag Berlin

Jamal, Helgard (2015): Jesus betet – Interreligiöse Bildung 10, EB-Verlag Berlin

Jamal, Helgard (2016): Jesus erzählt – Interreligiöse Bildung 8, EB-Verlag Berlin

Harz, Frieder (2014): Mit Kindern Gott entdecken – Was Erzählen dazu beitragen kann. In: Helgard Jamal (2014): Noah, Biblische Geschichten in Begegnung mit Judentum und Islam 2, EB-Verlag Berlin

Helgard Jamal, Dr. phil., Dipl.-Päd., ist als Lehrbeauftragte der Universität Duisburg-Essen und Referentin für interreligiöse Bildung tätig.

500 Jahre nach Luther ist an der Reformationskirche in Berlin-Moabit ein Modellprojekt entstanden, in welchem Kirche in Kontinuität und Abgrenzung zur Tradition neu gedacht und gelebt wird. Im Auftrag der EKBO und des Kirchenkreises Berlin-Stadtmitte belebt der *Konvent an der Reformationskirche* seit 2011 den lange leerstehenden Campus der Reformationskirche neu. Mit der Übergabe der Gebäude an den Trägerverein REFORMATIONS-Campus e.V. ist ein neuartiges Projekt gestartet: In einem Stadtteil mit einem hohen geistlichen Bedarf wird ein aufgegebener kirchlicher Standort ohne Finanzierung von Personalstellen, Betriebskosten und Baulasten durch kirchliche Gelder, eigenständig und eigenverantwortlich, innerhalb der Landeskirche revitalisiert.

Der *Konvent an der Reformationskirche* ist eine Gemeinschaft von Menschen, die gemeinsam Christus nachfolgen, ihr Leben teilen und ein Herz für Moabit haben. So wie Luther nach seinem inneren Auftrag und Gottes Eingebung das Zusammenleben der Menschen reformieren wollte, versteht sich auch die Refo als christlich-soziales Zukunftslabor. Wir leben in Moabit in einem von sozialer und kultureller Vielfalt sowie aktuell von sozialem Wandel geprägtem Stadtteil. Mit Gottvertrauen und Engagement arbeitet der Konvent mit daran, in genau diesem Kontext eine partizipatorische, interreligiöse und interkulturelle Stadtteilgemeinschaft zu prägen.

Ein wichtiger Teilbereich dieser Aktivitäten sind seit Jahren die Kunst- und Kreativaktionen, die in vielfältiger Form den Gedanken einer neuen Gemeinschaft und kommunikativen Öffnung in den Stadtraum transportieren. Drei Beispiele die in je eigener Weise das Motto des DEKT 2017 »Du siehst mich« aufgreifen, sollen im Folgenden vorgestellt werden.

Kunstprojekte am Refo Konvent in Moabit

Burkhard Oelmann

Abb. 1

Abb. 2

Abb. 3

Abb. 4

Abb. 5

»Fire« – Pfingsten entdecken

Pfingsten, nach Weihnachten und Ostern das dritte Hauptfest des christlichen Kirchenjahres, wird in Deutschland von vielen Menschen nurmehr als Eintrag im Ferienkalender wahrgenommen. Um die Bedeutung von Pfingsten neu erfahrbar zu machen, lud die Performerin Rike Flämig gemeinsam mit anderen ein zur performativen Aktion »Fire«.

Motivischer Ausgangspunkt war das Element des Feuers als Symbol für den Heiligen Geist, wie wir es aus der Pfingstgeschichte kennen. (Apg. 2,1–4) Sturm, Feuerzungen, fremde Sprachen – das Pfingstwunder wird in der Bibel als außerordentliches Gemeinschaftserlebnis geschildert. Bei »Fire« sollten in einer Doppelung von performativen Elementen und Angeboten zum Mitmachen

Teelichter
Dekoration »Feurig« / »Flammen«
Spiegelkacheln
Spezialbrennfluid (Details auf Anfrage)
Brennfackeln
Löschdecken
Handgeschriebene Texte DIN A4
DJ Audio Setup

Das Format beeinhaltet den Umgang mit Feuer bzw. brennbarer Flüssigkeit. Es ist auf eigene Gefahr von kundigen erwachsenen Personen unter Berücksichtigung von Sicherheitsauflagen zu realisieren.
http://www.rikeflaemig.de/

→

Abb. 6–8

Fotos: Burkhard Oelmann

Luthopia lautet für uns im REFO-Konvent das Stichwort mit Blick auf das Reformationsjubiläum 2017. Wir wollen Utopien entwickeln, wie Gottes Welt unter uns Wirklichkeit wird. Ziel von Gottes Sendung in die Welt ist persönliche und gesellschaftliche Verwandlung.

Luthopia begreift Luthers Aufruf zur Umkehr (1. These) in diesem Sinne als Anstoß zur Verwandlung hin zu der Einheit und Versöhnung, die Christus stiftet. Für und mit anderen wird das Nahesein des Reiches Gottes zum erlebbaren Zeichen. Die Aktion »Fire« machte in eindrucksvoller Weise diesen zeichenhaften Charakter erfahrbar.

für das Publikum Übergänge zwischen Erleben, Bestaunen und Mitfeiern geschaffen werden. Es galt, die Reformationskirche in ihrer baulichen Struktur mit einzubeziehen und in einen pfingstlich-spirituellen Erlebnisraum zu verwandeln.

Auf dem Altar war in der Bibel die Apostelgeschichte aufgeschlagen, davor lagen rote Peperoni, die mit ihrer feurigen Schärfe den Geschmackssinn thematisieren und ihrer Form nach an Feuerzungen erinnern. (Abb. 1,2) Eine Installation in der Kirche führte die Motive Feuer und Spiegel zusammen. Auf dem Boden lagen Spiegelkacheln, in deren Mitte flackernde Lichter brannten. Dazu waren zwei biblische Textpassagen ausgelegt: »Und er sah, dass der Busch im Feuer brannte und doch nicht verzehrt wurde.« (Ex 3,4) »Und wenn Du ins Feuer gehst, sollst Du nicht brennen und die Flamme soll Dich nicht versengen.« (Jes 43,2)

Die Besucher konnten im Kreis hockend mit Spiegelkacheln in der Hand eigene Bilder entstehen lassen. Die Spiegel gaben die Person gegenüber wieder, die brennenden Lichter, die Texte und den Kirchraum. Jeder sah sich im Ge-

genüber, die Beteiligten erlebten eine Gemeinschaft in Lichtern und Reflexionen. (Abb. 3) Ergänzend zu gemeinsamen Aktionen zeigte eine weitere Performerin tänzerische Szenen mit Feuerfackeln, begleitet von minimalistischen DJ-Klängen und biblischen Texten. (Abb. 4) Vor allem nach Anbruch der Dunkelheit verdichtete sich die Raumatmosphäre und bot Gelegenheit zur Meditation. (Abb. 5)

Ein Höhepunkt von »Fire« war eine Aktion zur Weitergabe eines »Funken«. (Abb. 6, 7, 8) Eine Gruppe von Mutigen stellte sich dazu im Kreis auf. Jeder tauchte einen Finger in eine spezielle brennbare Flüssigkeit. Der erste Finger wurde entzündet und dann wurde die Flamme sehr rasch von Finger zu Finger weitergegeben. Wer die Flamme weitergegeben hatte, blies sie aus. Bis die Flamme einmal ganz im Kreis gewandert war, waren mehrere Anläufe nötig. Es galt, sich auf den anderen einzulassen, einen gemeinsamen Rhythmus von Geben und Nehmen zu finden. In diesem Erlebnis wurde für die Besucher auf symbolischer Ebene die Bedeutung der Pfingstgeschichte sinnfällig.

Burkhard Oelmann ist Kunsthistoriker, Maler und Fotograf in Berlin. Als Autodidakt ist er den Schritt hin zur künstlerischen Praxis gegangen und auf den Gebieten der Malerei, Fotografie und Objektkunst tätig. Konzeption und Gestaltung performativer Ereignisse im Kunstkontext und darüber hinaus. Kollaboration mit der Performerin und Choreographin Rike Flämig.

Miteinander zum Geschenk

Ökumenische Kinderbibelwoche und Religiöse Kinderwoche (RKW) für das Reformationsjahr 2017

Ekkehard Weber

ANLIEGEN

Gelebte Ökumene ist Begegnung. In der Frohen Botschaft von Jesus Christus begegnen sich evangelische und katholische Christen. Sie lesen gemeinsam die Bibel, sie beten und feiern ökumenische Gottesdienste oder treffen sich bei alljährlichen Laternenumzügen zu St. Martin. Zahlreiche Traditionen, die früher eher einer Konfession zugeschrieben wurden, haben längst die Grenzen übersprungen. Stellen sie sich eine Adventszeit ohne Adventskranz in einer katholischen Kirche vor oder eine evangelische Kirche ohne Weihnachtskrippe. Diese und andere Traditionen unterliegen heute wohl keinem konfessionellen Monopol mehr. Sie haben längst die Gräben übersprungen und haben das Leben der anderen Konfession bereichert und »beschenkt.« So sind evangelische und katholische Christen einander zum Geschenk geworden. Viele Frauen und Männer haben in dieser Weise ihre Kirche weiterentwickelt und reformiert. Wie es im Vorwort lauten wird: »Die Materialien für die Kinderbibelwochen und Religiösen Kinderwochen wollen diesen Weg miteinander und zueinander begleiten und zum gemeinsamen ökumenischen Weitergehen anregen.« Diese Anliegen sind die Grundlage für die Materialien der Kinderbibelwoche / RKW für das Reformationsjahr 2017.

HINTERGRUND UND ENTSTEHUNG

In der Charta Oecumenica von 2001 heißt es: »Wichtig ist es, die geistlichen Gaben der verschiedenen christlichen Traditionen zu erkennen, voneinander zu lernen und sich so beschenken zu lassen.« (www.oekumene-ack.de/themen/charta-oecumenica/)

Dieses Anliegen hat sich ein Team aus dem Bistum Magdeburg und der Evangelischen Kirche in Mitteldeutschland unter Leitung von Matthias Slowik (Leiter der Arbeitsstelle Kinderpastoral im Bistum Magdeburg) und Ekkehard Weber (Ev. Kirche in Mitteldeutschland) zu eigen gemacht und erstmalig ökumenisch das Jahresthema für eine RKW bzw. Kinderbibelwoche erarbeitet.

In den ehemals ostdeutschen Bistümern gibt es eine lange Tradition, in den Sommerferien eine religiöse Kinderwoche (RKW) zu gestalten. Die RKW ist für viele katholische Kirchengemeinden ein unverzichtbarer Bestandteil der gemeindlichen Arbeit mit Kindern. Auch in der Ev. Kirche in Mitteldeutschland (EKM) und in anderen Landeskirchen finden vergleichbar jedes Jahr zahlreiche Kinderbibeltage und Kinderfreizeiten statt. Dafür bietet das Kinder- und Jugendpfarramt der EKM eigene Materialien und Kinderbibelwochen an, die unregelmäßig erscheinen. Für die katholischen Gemeinden

→

Miteinander zum Geschenk
Kinderbibelwoche / RKW 2017

Ökumene ist Begegnung im Evangelium Jesus Christi. Wie katholische und evangelische Christen sich gegenseitig im Glauben bereichern können und welche Traditionen sie teilen, dem spürt die evangelische Kinderbibelwoche und die katholische Religiöse Kinderwoche im 500. Jahr der Reformation nach. Dieses Plakat zeigt das Titelmotiv der Kinderbibelwoche/RKW 2017.

erscheint jedes Jahr beim St. Benno Verlag Leipzig, gefördert durch das Bonifatius Werk, das entsprechende Material für die RKW, für das jedes Jahr eines der ostdeutschen Bistümer die Erarbeitung übernimmt. Es gibt bereits erste Ansätze zur ökumenischen Zusammenarbeit in diesem Arbeitsfeld. Für das Reformationsjahr 2017 erscheint nun als Impuls für eine verstärkte ökumenische Zusammenarbeit eine gemeinsame RKW bzw. Kinderbibelwoche.

ZIELSTELLUNGEN UND STRUKTUR

Für fünf Tage finden sich Materialien, bestehend aus je einer Morgenandacht, einem Anspiel zum Tagesthema, einer thematischen Einheit mit Vertiefungsmöglichkeiten, Spielen, Bastelideen, ökumenischen Aktionen und einem geistlichen Tagesabschluss. Dabei sind die Materialen der Tage so gestaltet, dass sie auch unabhängig voneinander eingesetzt werden können. Dazu finden sich im Materialheft Grundlagentexte, die die aktuelle ökumenische Diskussion zu den behandelten Themen kurz darstellen und Wege zueinander aufzeigen.

Die Tage stehen dabei unter den folgenden Zielstellungen:

TAG 1: ICH BIN EIN GESCHENK
Gott schenkt alles Leben. In der Feier des Geburtstages bekennen wir sein Ja zu unserem Dasein und seine Gegenwart in unserer Lebenszeit. Für die Feier des Geburtstages suchen wir nach Anregungen, die Gottes Achtung vor uns Menschen zeigen und die verdeutlichen, wie heilig ihm jede und jeder ist.

TAG 2: MEIN NAME – EIN GESCHENK
Mit unserem Namen sind wir ins Leben gerufen. Wir entdecken, welche Bedeutung unserem Namen mitgegeben ist. In der Feier des Namenstages gedenken wir der Menschen mit unserem Namen, die in besonderer Weise von Gottes Menschenliebe Zeugnis ablegen.

TAG 3: WIR SIND FÜREINANDER GESCHENK
Wir erfahren, wie vielfältige Rituale und Zeichen zum gemeinsamen Tun von evangelischen und katholischen Christen geworden sind. Im Vertiefen wichtiger christlicher Vollzüge wollen wir uns festigen und für ein Miteinander öffnen.

TAG 4: WIE MAN ZUM GESCHENK WERDEN KANN
Frauen und Männern, die aus ihrer Taufe heraus lebten, haben ihre Kirche in ihrer Zeit weiterentwickelt/reformiert. Sie geben Anregungen und Impulse, aufmerksam zu werden für ein eigenes christliches Engagement.

TAG 5: WIR SIND MITEINANDER GESCHENK
Wir suchen aus den Erfahrungen der Kinderbibelwoche/RKW nach Ritualen, Festen und Zeichen für ein Glaubensleben in der Ökumene und für unser gemeinsames Zeugnis von Gottes Liebe zu allen Menschen. Im Reformationsgedenken 2017 können wir als evangelische und katholische Schwestern und Brüder verdeutlichen, dass wir zu dem einen Leib Christi gehören. Und wir können unseren nichtgetauften Schwestern und Brüdern zeigen, dass es froh macht, zu dieser Gemeinschaft zu gehören, und dass es Sinn macht, sein Leben im Glauben zu begründen. Miteinander werden wir so zum Geschenk.

Literaturverzeichnis

Charta Oecumenica aufgerufen am 05.08.16 www.oekumene-ack.de/themen/charta-oecumenica/

St. Benno Verlag Leipzig (Hg.): Info-Blatt zur RKW/Kinderbibelwoche 2017. Leipzig 2016

Einige Texte sind dem noch unveröffentlichten Materialheft der RWK / Kinderbibelwoche entnommen.

Ekkehard Weber, Diakon und Dipl.-Religionspädagoge (FH), Referent für Kindergottesdienst im Kinder- und Jugendpfarramt der Ev. Kirche in Mitteldeutschland in Magdeburg

Buchtipps für die gemeindliche Praxis

Petra Müller

In unserer multikulturellen Welt haben Kinder viele Fragen zu den verschiedenen Religionen. In Kooperation mit der Homepage religionen-entdecken.de und aus den dort von Kindern gestellten Fragen ist das Buch »**Wie heißt dein Gott eigentlich mit Nachnamen? – Kinderfragen zu fünf Weltreligionen**« entstanden. Die Antworten stammen von **Christiane Baer-Krause,** der

verantwortlichen Redakteurin des Internetportals, die sie in enger Zusammenarbeit mit zahlreichen Religionsexperten erarbeitet hat. Die Fragen sind in fünf Themenbereiche gefasst: Eine Welt und viele Religionen; Gott und die Weltseele; den Glauben leben; Orte zum Beten und Meditieren; mit dem Tod ist nicht alles vorbei. Die Fragen werden sehr neutral beantwortet. Die Autorin hat sich entschieden, die Fragen als Buch herauszubringen, weil sie der Überzeugung ist, dass Bücher eine andere Qualität besitzen als das Internet. Ein Buch sei präsenter und dichter und könne wichtige Gespräche anstoßen. Um zu zeigen, wie bunt die Religionen sind, hat **Jan von Holleben** gemeinsam mit Kindern aus verschiedenen Kulturen und Religionen die Bilder für das Buch entwickelt.

Thienemann-Verlag, Stuttgart 2015, 176 Seiten, gebunden, ISBN 978-3-522-30404-7, € 16,99

Das Buch »**95 x Reformation – ein kleines ABC**« will seine Leserinnen und Leser erfreuen und ihnen nützen. Die beiden Autoren – **Margot Käßmann** und der Lutherkenner **Ralph Ludwig** – wollen an 95 Stichworten zeigen, wie sich die Welt in der Reformationszeit ändert. Nicht nur Martin Luther kommt dabei zu Wort, sondern auch weitere Reformatorinnen und Reformatoren. Appetitan-

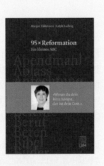

regend wird das jeweilige Thema auf maximal zwei Seiten umrissen. In das Buch sind zentrale Begriffe der Reformation aufgenommen, aber auch solche, die den Alltag der damaligen Zeit kennzeichnen. Das Lesen soll auch Lust machen, in die damalige Welt am Übergang vom Mittelalter zur Neuzeit einzutauchen. Die Kürze der Texte kann dazu beitragen, vertiefend in das Thema einzusteigen. Mich überzeugt das Buch. Es eignet sich auch, die eine oder andere Andacht daraus zu gestalten, um somit vielleicht auch übers Jahr die Themen der Reformation wachzuhalten und immer wieder einmal einzustreuen.

Lutherisches Verlagshaus, Kiel 2016, 176 Seiten Hardcover, ISBN 978-3-7859-1196-9, € 16,90

Die Buchreihe »**geistreich Kirche entwickeln**« basiert auf einer Kooperation zwischen »geistreich«, der Praxisplattform der Evangelischen Kirche in Deutschland (EKD) im Internet, und dem Gütersloher Verlagshaus. Diese Plattform dient Haupt- und Ehrenamtlichen dazu, den großen Schatz ihrer Ideen und gelungene Projekte mit anderen zu

teilen. In dieser Reihe ist das kleine Buch »**Ostern inszenieren**« erschienen. **Evamaria und Reinhard Simon** geben damit zwei »Osterkrippenspiele« weiter. Seit Jahren führten sie schon Mysterienspiele auf, dann aber waren ihnen die Vorlagen ausgegangen – und sie gingen selber unter die Schreiber. Das vorliegende Buch bietet zwei komplett ausformulierte Osterspiele, erläutert Hintergründe und gibt zahlreiche Tipps und Anregungen für die Umsetzung in der eigenen Gemeinde. Für beide Stücke bleibt die Probenzeit überschaubar. Man benötigt vier Proben von 60–90 Minuten. Die Vorbereitungen werden damit auch zu einem wesentlichen Element in der Passionszeit.

Gütersloher Verlagshaus, Gütersloh 2016, 64 Seiten Broschur, ISBN 978-3-579-06192-4, € 9,99

Die bekannte Kinder- und Jugendbuchautorin **Kirsten Boie** hat ein berührendes Kinderbuch über die Flucht einer Familie aus der syrischen Stadt Homs und deren Ankommen in Deutschland geschrieben. »**Bestimmt wird alles gut**« ist der tröstende und mutmachende Ti-

tel. Die Erzählung bewegt und geht unter die Haut. Das Buch eignet sich sehr gut, Kindern ab 6 Jahren die aktuelle Flüchtlingssituation nahezubringen und mit ihnen darüber ins Gespräch zu kommen. Sicherlich werden sie in ihrem Umfeld Kindern begegnen, die Ähnliches und noch viel Schlimmeres durchgemacht haben. Ein besonderes Augenmerk legt die Autorin auf das Erlernen der deutschen Sprache – sowohl in der erzählten Geschichte als auch in der Gestaltung des Buches. Der Text ist auf Deutsch und Arabisch und am Ende des Buches findet man erste Wörter und Sätze zur Verständigung in beiden Sprachen. Zu dem Text des Buches gibt es eine Version für interaktive Whiteboards sowie pädagogisches Begleitmaterial. Das Buch macht aber auch deutlich, dass Kinderspiele ohne Sprache auskommen.

Klett Kinderbuch, Leipzig 2016, 48 Seiten gebunden, ISBN 978-3-95470-134-6, € 9,95

Heimat: Herkunft und Zukunft

Anthropologische und theologische Aspekte

Thomas Popp

»**Dahoam is Dahoam, da komm i her, da will i wieder hin …**« – so lautet der Beginn des Titelsongs der Fernsehserie, die der Bayerische Rundfunks seit 2007 sehr erfolgreich ausstrahlt. Diese Serie erzählt Familien- und Alltagsgeschichten der Dorfbewohner im fiktiven idyllischen Heimatort Lansing. Dieser Song intoniert ein Grundthema des Menschseins: Herkunft und Zukunft. Die Zukunft zeigt sich dabei als Sehnsucht, zum Herkunftsort zurückzukehren.

›Heimat‹ ist nicht nur ein altes Menschheitsthema, sondern im Zuge der Heimatsuche vieler Menschen auf der Flucht zugleich hochaktuell. Dieses deutsche Wort, das als kaum in eine andere Sprache übersetzbar gilt, erfährt in öffentlichen Diskursen und privaten Gesprächen enorme Aufmerksamkeit.

Dazu ein beispielhafter Blick in die Boulevardliteratur: Die Zeitschrift ›abenteuer philosophie‹ thematisiert in ihrer Märzausgabe 2016 ›Heimat und Fremdheit‹. Die Zeitschrift ›Barbara‹ hat in ihrer Oktoberausgabe 2016 das Oberthema ›Heimat‹: »Ein Heft über Leute, Landschaft, Leckereien und das Zuhause im Herzen«. Am Ende des Editorials

schreibt Barbara Schöneberger: »Ich freu mich, dass BARBARA für Sie auch inzwischen ein Stückchen Heimat geworden ist. Also fühlen Sie sich wie zu Hause bei uns und genießen Sie Ihr Heft.« Auch Literatur kann also zumindest stückweise zur Heimat werden. Ich kann in Text-Welten wohnen und mich dort zuhause fühlen.

Dazu lädt auch die Bibel ein, die als Weltliteratur kulturprägende Bedeutung hat. Sie beinhaltet die großen Grunderzählungen vom Woher und Wohin des Menschen. Die Bibel beginnt bekanntlich mit der Schöpfung des Menschen, seinem Leben im Paradies sowie dessen Verlust (Gen 1–3). Und sie endet mit dem Ausblick auf das wiedergewonnene paradiesische Leben: »… und der Tod wird nicht mehr sein, noch Leid noch Geschrei noch Schmerz wird mehr sein« (Offb 21,5).

Dieser große Spannungsbogen kennzeichnet auch im Kleinen das menschliche Leben. Es fängt an mit der Geborgenheit im Mutterleib. Sie geht verloren mit der Geburt. Der Mensch muss sich im Laufe des Lebens in dieser Welt einrichten, immer neu aufbrechen und verliert mit dem Tod alles, was irdisch

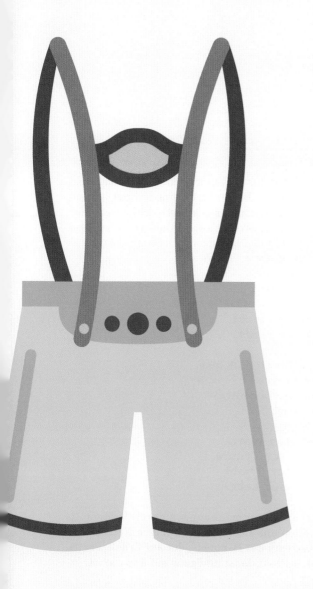

zur Heimat geworden ist. Dieses Irdische verbindet das vierte Evangelium wie keine andere Schrift in der Bibel auf geistvolle Weise mit dem Himmlischen. Das diesseitige Leben wird transparent für das jenseitige Leben. Es regt die Leserinnen und Leser von der ersten bis zur letzten Seite dazu an, den himmlischen Tiefensinn des Gesagten zu erfassen, sich zu Herzen zu nehmen und so auf der Suche nach unvergänglicher Heimat schon im Hier und Jetzt fündig zu werden.

Der Prolog fungiert als großartige Leseanleitung (Joh 1,1–18). Er führt in das Geheimnis des Weges von Jesus Christus ein. Dieser Weg führt von seiner himmlischen Heimat zu seinem Leben in der Fremde, um als menschgewordener Gott anderen Menschen Gott zu zeigen (1,14.16): »Und das Wort ward Fleisch und wohnte unter uns ... Und von seiner Fülle haben wir alle genommen Gnade um Gnade.«

Im ersten Kapitel finden sich auch die für das Heimatverständnis wesentlichen anthropologischen und theologischen Schlüsselworte ›woher‹ und ›wo(hin)‹. Die ersten Worte von Jesus in der für alle weiteren Erzählungen wegweisenden ersten Begeg-

nung mit zwei Menschen lauten (1,38): »Was sucht Ihr?« Sie antworten: »Wo wohnst Du?« In der Frage nach seinem Wohnhaus schwingt zugleich die Frage nach seiner Identität mit. In welchem Raum bist du eigentlich beheimatet? In welchem Lebensraum bewegst du dich? Welche Lebensmöglichkeiten erschließt du uns? Was erwartet uns, wenn wir uns dir anschließen? Der Gefragte lädt sie ein: »Kommt und seht!« Schaut genau hin, wen Ihr vor Augen habt – und Euch werden auch die Augen über Euch selbst aufgehen. Die grundlegende anthropologische Frage »Wer bist Du?« wird übrigens bereits im direkten Anschluss an den Prolog als Impuls für die weitere Lektüre gestellt (1,19).

Die beiden Männer folgen der Einladung, erfahren auf diese Weise in der nicht näher ausgeführten Begegnung, wo Jesus eigentlich ›wohnt‹, und finden so, wonach sie gesucht haben: den Messias (1,39–41). Als der Himmlische weiß Jesus um das wahre Wesen der Menschen. Er kommt denen zuvor, die ihm begegnen. Das führt in der Schlussszene des ersten Kapitels Nathanael zur erstaunten Frage (1,48): »Woher kennst Du mich?« →

Mit den skizzierten Grundaussagen beginnen Sinnlinien, die das ganze Evangelium durchziehen – bis zur Begegnung zwischen dem Auferstandenen und Maria Magdalena im Garten[1]. Dazwischen macht Jesus Schritt für Schritt offenbar, dass er die Verbindung zwischen Himmel und Erde ist. Den Menschen, denen er begegnet, wird nicht ohne Rücksicht auf ihre bisherige Biografie eine neue Identität übergestülpt, sondern ihre Geschichte wird step by step mit der Geschichte des menschgewordenen Gottes verbunden. Was sie damals in der direkten Begegnung mit Jesus sehen konnten, erschließt sich uns durch wiederholtes Lesen, durch das Wohnen in der Textwelt des Johannesevangeliums.

Sich geistlich-geistig zuhause zu wissen – auch das kann Heimat also bedeuten: eine ›innere Heimat‹, die mit mir mitgeht. Die Theologin Gunda Schneider-Flume drückt es so aus: »Der Name Gottes steht in der biblischen Tradition gegen Verlorenheit und Geworfenheit: erwählt und auch gewollt ein jeder Mensch. In der Beziehung, die zuvorkommt und zugute, liegt auch schon Heimat, geschenkte Herkunft, ein anderes Wort dafür ist Gnade.« Insofern ist Heimat aus theologischer Sicht »nicht Habe, sondern geschenkte Herkunft und als solche auch verheißene Zukunft.«[2]

Von Gott unbedingt anerkannt zu sein, bei ihm Raum zu haben, verleiblicht sich im menschlichen Zusammenleben durch ein Beheimatet-Sein in einem Beziehungsnetz, wo ich geliebt werde und liebe. In diesem schöpfungstheologischen Sinn bezeichnet Jürgen Moltmann als Heimat »ein Netz entspannter sozialer Beziehungen: Ich bin dort zuhause, wo man mich kennt und ich Anerkennung erfahre, ohne um sie kämpfen zu müssen.«[3]

Heimat bekommt eine neue Aktualität durch die Menschen, die in unserem Land Schutz suchen. Sie lassen ihre geografische Heimat hinter sich, bringen ihre kulturelle Identität mit und müssen neu heimisch werden. Die globalen Fluchtbewegungen fordern uns in besonderer Weise heraus: Heimat ist keine Habe, sondern eine Gabe, die immer wieder neu zu gestalten ist. Die Nachbarschaft, der Verein und die Kirchengemeinde können Lernorte für die Aufgabe sein, Räume der Anerkennung zu kultivieren.

Dadurch eröffnete Heimaterfahrungen gibt es in diesem Leben freilich nur fragmentarisch[4]. Um diese Bruchstückhaftigkeit weiß auch Barbara Schöneberger in ihrer Freude, dass ihre Zeitschrift inzwischen »ein Stückchen Heimat geworden ist«. Auch die johanneisch klingende Gotteserfahrung, die die Mystikerin Teresa von Avila (1515–1582) zu Gehör

bringt, gibt es nur als Unterbrechung: »Du bist mein Haus und meine Bleibe, bist meine Heimat für und für.« Diese Erfahrung speist sich nicht zuletzt aus dem Wohnen im Wort Gottes. Die Lyrikerin Rose Ausländer (1901–1988) formuliert es in Fortschreibung des Johannesprologs so:

Am Anfang
war das Wort
und das Wort
war bei Gott.

Und Gott gab uns
das Wort
und wir wohnten
im Wort.

Und das Wort
ist unser Traum
und der Traum
ist unser Leben.

Heilsame Heimaterfahrungen durch Wohnen in Textwelten und Leben in tragfähigen Netzen sind ein Geschenk des Himmels, der auf Erden bereits bruchstückhaft da ist und ganz auf uns wartet.

Prof. Dr. Thomas Popp ist Pfarrer und seit 2013 Ausbildungsleiter der Rummelsberger Diakoninnen und Diakone und Professor für Praktische Theologie (Schwerpunkt Diakonik) an der Evangelischen Hochschule Nürnberg.

---

1 Zum Nachlesen: ›woher‹ Joh 1,48; 2,9; 3,8; 4,11; 6,5; 7,27–28; 8,14; 9,29–30;19,9; ›wohin‹ Joh 1,38–39; 3,8; 7.11.35; 8,14.19; 9,12; 11.34.57; 12,35; 13,36; 14,5; 16,5; 20,2.13.15; vgl. dazu Thomas Popp, Grammatik des Geistes. Literarische Kunst und theologische Konzeption in Johannes 3 und 6, Arbeiten zur Bibel und ihrer Geschichte 3, Leipzig 2001, S.132–135.

2 Gunda Schneider-Flume, Heimat und Fremde aus theologischer Perspektive, oder: Was heißt Weltlichkeit Gottes?, in: Hans-Jürgen Schmidt (Hg.), Heimat und Fremde, Erkenntnis und Glaube NF 36, Leipzig 2006, S.23–43, S.26.42.

3 Jürgen Moltmann, Gott in der Schöpfung. Ökologische Schöpfungslehre, Gütersloh ⁴1993, S. 60; vgl. auch a.a.O., S. 19: »Der Inbegriff der messianischen Verheißungen der Armen und der Hoffnungen der Entfremdeten für die Welt ist: ›Heimat‹. Das bedeutet die Wohnlichkeit im Dasein, die entspannten und befriedeten Beziehungen von Gott, Mensch und Natur.«

4 Zu dieser Gebrochenheit vgl. Peter Biehl, Heimat in theologischer und religionspädagogischer Perspektive. Plädoyer für ein eschatologisch gebrochenes Heimatverständnis, in: Ders. u.a. (Hg.), Heimat – Fremde. Jahrbuch der Religionspädagogik 14 (1997), S. 29–63.

À *Dieu* – die Begegnung mit dem Anderen auf der Suche nach Gott

Professionelle Wege in der Gemeindepädagogik

Dirk Oesselmann

Gemeindepädagogen stehen »auf der Schwelle« von Gemeinde. Ihr Auftrag ist es, das Evangelium zu kommunizieren: mit dem Blick nach innen in die Gemeinde und nach außen in die vielfältigen sozialen Umfelder. Sie stehen dazwischen – und das macht ihre besondere Rolle aus, birgt aber auch Herausforderungen. Für die gemeindepädagogische Professionalität ist es von besonderer Bedeutung, die Spannungsfelder und Ambivalenzen einer Begegnung mit dem Anderen bewusst aufzunehmen und zum Thema ihrer kommunikativen Suche zu machen. Sie stehen zwischen dem »Wir« und dem »Anderen«, zwischen dem Heimischen, Eigenen und dem Fremden.

Spannungen in diesem »Dazwischen« ergeben sich schon aus der schwierigen Kommunikation: Es werden verschiedene Sprachen gesprochen. Die Verständigung ist komplex. Und das gilt vor allem auch für die religiösen und kulturellen Ausdrücke, wo die Anderen z. B. mit Monstranzen, Heiligenbildern oder Gebetsteppichen wie selbstverständlich umgehen. Damit in Verbindung stehen natürlich die Inhalte. Unterschiedliche Perspektiven führen zu unterschiedlichen Aussagen, die gerade im religiösen Kontext immer auch emotional aufgeladen sind. Nicht zuletzt spielt aber auch die Konkurrenz um Anerkennung und Macht eine Rolle, z. B. welche Veranstaltung mehr Aufmerksamkeit auf sich

→

zieht, wer für was verantwortlich gemacht werden kann usw. Dieser Spannungsbereich bleibt eher im Hintergrund, da viele ihn sogar für sich selbst nicht wahr haben wollen, hat aber gerade deshalb eine nicht zu ignorierende Wirkung auf das Miteinander auf der Schwelle.

Es gibt viele Gründe, warum sich diese Spannungen zu Ungunsten eines respektvollen Zusammenlebens auswirken. Den faktisch bestehenden Konfliktfeldern mit dem Anderen steht für die Gemeindepädagogik eine Botschaft gegenüber, die in der Nächstenliebe, im Pfingstwunder, in der Zuwendung zum Fremden oder im Gebot zur Einheit auf ganz vielfältige Weise ihren Ausdruck findet. Henning Luther sagte sogar, dass der Umgang mit dem anderen Fremden der Weg zu Gott ist: à Dieu – ein Prozess des Abschieds aus unserer Selbstentfremdung einerseits, hin zu einer Öffnung zu Gott andererseits. Nur wenn wir uns aus der Gefangenschaft unserer begrenzten Wahrnehmung befreien, können wir die Größe und Vielfalt Gottes erfahren. Die Begegnung mit dem Anderen, gerade auch in seinem Spannungspotenzial, ist ein befreiender Zugang zu der umfassenden Wirklichkeit Gottes.

Was heißt das für die professionelle Arbeit der Gemeindepädagogen?

In der Ausbildung setzen wir auf drei grundlegende Kompetenzfelder: 1. die Wahrnehmungsfähigkeit, 2. die Sprach- und Kommunikationsfähigkeit und 3. die Inszenierung von Begegnungsräumen. Es geht dabei vor allem darum, wie Prozesse der Auseinandersetzung mit dem Fremden initiiert und begleitet werden können. Quer dazu liegt die Reflexionsfähigkeit im Horizont der christlichen Botschaft. Gerade wenn solche Prozesse in Spannungsfeldern liegen, ist es umso bedeutsamer, wie sie von den Beteiligten interpretiert werden. Die christliche Botschaft ist der Horizont, aus dem heraus die eigenen Gefühle und Gedanken eingeordnet werden sollen.

Entdeckungen des Anderen. Auf dem Weg der Wahrnehmung des Menschen als Menschen

Sowohl was wir wahrnehmen, wie wir etwas wahrnehmen als auch wie wir diese Wahrnehmung emotional einordnen und inhaltlich interpretieren, hängt stark von der subjektiven Perspektive ab. Diese wiederum ist in einem Beziehungsgeflecht verortet, ist dementsprechend von persönlichen Vor-erfahrungen, Verstehensmodi, Rollenzuweisungen und Handlungserwartungen geprägt. Ein komplexer Prozess, bei dem es ohne Vorverurteilungen und eigene Interessen nicht geht. Aus diesem Grund kann im professionellen Handeln nicht eine »neutrale« bzw. »objektive« Wahrnehmung angestrebt werden, sondern eine kritische Reflexionsfähigkeit der eigenen Wahrnehmung als erste grundlegende Kompetenz. Voraussetzung dafür ist, dass ich mich als begrenzt und vorurteilsbeladen erkenne und annehme, um daraufhin mich selbst zu hinterfragen bzw. hinterfragen zu lassen.

Übungen dazu sind in der Ausbildung ein bewusstes Verlassen seines gewohnten Umfeldes hin zu einem »ganz anderen« – so z. B. eine Begegnung mit langzeitarbeitslosen Frauen, mit Obdachlosen oder auch mit Nonnen aus dem Kloster oder buddhistischen Mönchen. Wichtig ist das gegenseitige Interesse, d. h. eine Begegnung mit einer Möglichkeit, sich dem Gegenüber so zu nähern, dass es aus dem bestehenden Klischeebild herauskommen kann. Bei der anschließenden Reflexion geht es vor allem um die eigenen Reaktionen. Was verändert sich – wird der Andere als Mensch nachvollziehbar? Nicht immer steht am Ende die Auflösung von Vorurteilen. Aber die Überschreitung von Grenzen schärft den selbstkritischen Blick für das Andere. Und es können viele Fragen zurückbleiben, da eigene Weltbilder ein Stück weit durcheinandergeworfen werden. Theologisch könnte es als eine Art »Leibübung« (1.Kor.12) betrachtet werden, bei der es nicht um ein funktionierendes Ganzes geht, sondern um ein lebendiges Miteinander.

Fremdes hören und Neues erkennen, religiöse Sprachfähigkeit entwickeln

Vieles hängt bei Begegnungen mit dem Anderen von der Qualität der Kommunikation ab. Sprache baut auf Codes auf, die Ausdrücke mit Inhalten in Verbindung setzt. Wenn es sich dabei um konkret sicht- und begreifbare Dinge handelt, ist die sprachliche Übereinstimmung relativ einfach. Wenn es allerdings um tiefgehende Angelegenheiten der Lebensbetrachtung und -bewältigung geht, spielen wenig eindeutige Codes, unterbewusste und emotional besetzte Ebenen eine zentrale Rolle. Eine Verständigung darüber ist bereits in stark vertrauten Beziehungen herausfordernd, um wie viel mehr, wenn bei kulturell, sozial und religiös unterschiedlichen Hintergründen nur wenig auf für alle Beteiligten selbstverständliche Codes zurückgegriffen werden kann.

Die religiöse Sprache, verstanden als ein Ringen um die Kommunikation von elementaren Lebenseinsichten, ist in dieser Hinsicht eine Chance. Sie beruht eben nicht nur auf der semiotischen Ebene (sprachliche Zeichen), sondern auf körperlich vollzogenen Gesten, die Zugänge zu grundlegenden Befindlichkeiten und tiefgehenden Bezügen eröffnen. Das Teilen des Brotes, das Reichen der Hände zu einem Kreis, die Umarmung oder das Niederknien – die religiöse Sprache greift zurück auf eine Ausdrucksebene, die nicht nur elementares Verstehen ermöglicht, sondern auch gestaltend auf das Beziehungsgeschehen wirkt. Das Potenzial religiöser Sprache, die Tiefenstrukturen von Selbstverständnis und Begegnung aufzunehmen, ist gleichzeitig auch eine Herausforderung. Bereits von einer Religion oder Kultur besetzte religiöse Ausdrücke oder Rituale können tiefe Emotionen hervorrufen, die von dem Gegenüber so nicht nachvollziehbar sind. Tabus können überschritten, Verletzungen beigebracht werden. D. h. die religiöse Sprache ist dann eine Chance, wenn sie in gemeinsamer Begegnung entwickelt wird, aber zugleich Spannungsfeld, wenn ihr nicht mit angemessener Einfühlsamkeit begegnet wird.

Professionelles Handeln basiert auf einer Sensibilität, Sprache und Verstehen immer neu zu entwickeln. Nichts sollte mit eindeutigen Inhalten als selbstverständlich vorausgesetzt, zentrale Ausdrücke immer wieder mit ihrer elementaren Bedeutung gefüllt werden. Es geht nicht nur darum, die Sprache des Anderen zu übersetzen, sondern gemeinsam Sprache aus der Begegnung heraus zu gestalten. Das erst macht die tiefere Dimension der Kommunikation des Evangeliums aus. Und die Erfahrung bestätigt, dass über eine solche Verständigung ganz neue Zugänge zur eigenen Wahrnehmung und Erkenntnis von religiös Elementarem geschaffen werden können.

Räume der Begegnung – Kirche-Sein auf der Schwelle

Religionsgruppierungen, Kirchen, Konfessionen oder andere Institutionen bilden Systeme, die sich durch ihr eigenes Profil nach außen abschotten. Oftmals steht der Außenkontakt unter dem Vorzeichen, Mitglieder für die eigene Gruppe zu rekrutieren. Jedes dieser Systeme bringt spezifische Codes, Ausdrücke und Abläufe hervor, die dann auch unter der Maßgabe des Angemessenen nach außen verteidigt werden. Das stellt die Begegnung mit dem Anderen vor weitere große Herausforderungen, da

neben Kommunikationsschwierigkeiten partikulare Interessen treten.

Der unvoreingenommene Zugang zu Anderen ist nicht selbstverständlich. Er muss gewollt, inszeniert, begleitet und reflektiert werden. Der öffentliche Raum ist das Verbindungsglied. Hier treffen sich verschiedene Menschen, Gruppierungen mit unterschiedlichen Kulturen und Religionen und sind in die Verantwortung genommen, diesen gemeinsamen Lebensraum, die »Schöpfung«, zu gestalten.

Begegnungsräume mit dem Anderen heißt nicht, das Eigene aufgeben zu müssen, nicht Position beziehen und überzeugen zu wollen. Entscheidend ist, dass es um mehr als das »nur« Eigene geht: nämlich um das Gemeinwohl, das gesamte Lebenssystem, um Gottes Schöpfung. Solche Perspektiven verdichten sich zum Horizont einer Ökumene, einer gemeinsam bewohnten Erde, und können nur im Zusammenschluss aller möglichen Lebensansichten erkannt werden. Die Negation dessen liegt im Exklusivitätsanspruch von Partikularinteressen. Und hierin besteht eine große Hürde in der Begegnung mit dem Anderen.

Die Gemeindepädagogen werden dazu ausgebildet, aus dem Raum Kirche in den öffentlichen Raum zu kommunizieren, nicht nur um die politische Verantwortung wahrzunehmen, sondern auch um der Botschaft willen, die im Umgang mit Anderen einen bereichernden Horizont erhält. Sie stehen »auf der Schwelle«, wie Simone Weil es ausdrückt, um von ihrem je eigenen Ausgangspunkt die Anderen zu treffen, hin zu Gott – à Dieu.

Leseempfehlungen

Luther, Henning (1992): Religion und Alltag. Stuttgart: Radius Verlag

Baumann, Urs; Jaspert, Bernd (Hg.)(1998): Glaubenswelten : Zugänge zu einem Christentum in multireligiöser Gesellschaft. Frankfurt/Main: Lembeck

Küstenmacher, Marion; Haberer, Tilmann; Küstenmacher, Werner Tiki (2010): Gott 9.0. Wohin unsere Gesellschaft spirituell wachsen wird. Gütersloh: Gütersloher Verlagshaus

Prof. Dr. Dirk Oesselmann leitet den Studiengang BA Religionspädagogik/ Gemeindediakonie sowie das Praxisamt Religionspädagogik an der Evangelischen Hochschule Freiburg.

WOANDERS ZUHAUSE?

Fremd und anders

Steffen Kaupp

Ich gehe selten zum Jahresfest des örtlichen Fuß-ballvereins. Irgendwie sind das andere Menschen: Sie kleiden sich etwas anders, sie sprechen anders, sie trinken mehr Bier als ich, sie ticken anders. Aber seit eines meiner Kinder in der Jugendmannschaft spielt, stehe ich eben auch öfters auf dem Sportplatz und begegne in dieser Fremde jenen Anderen.

Solche Fremdheitserfahrungen sind alltäglich: In-stinktiv vergesellen oder vergemeinschaften wir uns mit vertrauten Menschen oder Regionen. Gesellt sich nicht Gleiches gern mit Gleichem? Fremde Menschen, fremde Abläufe hingegen verunsichern, ja bedrohen. Spürbare oder unbewusste Ängste kommen in uns auf – Berührungsängste. Folglich distanzieren wir uns – auf ganz verschiedene Weise: Wir meiden solche Menschen und Orte und gehen ihnen aus dem Weg; wir alarmieren (in der Regel unbewusst) die »innere Abwehr« und finden jede Menge Defizite bei diesen Anderen und ihrem Tun. Vielleicht sind wir auch ein-fach desinteressiert und nehmen somit schlicht nicht teil. Distanzierung hat viele Gesichter.

Jene Fußballeltern sind übrigens auch nur selten in unserer Kirchengemeinde anzutreffen: Warum sollten sie auch das Sommerfest oder den Gottes-dienst besuchen und sich in diese Fremde wagen?

Lebensweltliche Duftnoten entdecken

Eine lebensweltsensible Perspektive bringt Jugend- und Gemeindearbeit entscheidend weiter in dieser Situation. Sie schärft den eigenen Blick auf gewisse Muster in unserer Arbeit und fördert Impulse für den Brückenbau zu jenen fremden, anderen Welten und Menschen. Wenn wir Menschen bewegen, in Kontakt mit ihnen treten oder sie sogar in unseren Kreisen be-heimaten wollen, müssen wir zunächst zu verstehen lernen: verstehen, was sie bewegt, was sie interessiert, welche Werte und Träume sie haben, kurz: was sie gerne riechen. Was sind ihre kulturellen Duftnoten?

Die elementare Kulturenkarte

Ich vereinfache die komplexen Sozialanalysen mit einer daraus abgeleiteten »elementaren differenz-sensiblen Kulturenkarte«. Diese soziale Landkarte erschließt gesellschaftliche Mentalitätsmuster und macht mit einem Blick auf gegensätzliche Regionen (Pole und deren »Duftnoten«) aufmerksam: Im »Wes-ten« (links) traditionsorientierte, im »Osten« gegen-über postmodern orientierte, im »Norden« postma-terialistisch, im Süden gegenüber materialistisch orientierte Jugendliche und Erwachsene. Und jeweils die zentralen Motive und Interessen in jenen Regio-nen (siehe Abb. rechts).

Mögliche Anknüpfungspunkte (und damit »Be-heimatungsquellen«), aber auch deutliche Spannun-gen (wenn SINUS dabei von »Ekelschranken« spricht, können wir sie hier als »Ekeldüfte« bezeichnen) zwi-schen den Regionen werden sofort deutlich und ver-stehbar.

Es fällt ein starkes Licht auf den gesellschaftli-chen Dschungel.

Elementare differenzsensible Kulturenkarte

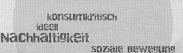

postmaterialistisch

konsumkritisch
ideell
Nachhaltigkeit
soziale Bewegung
Dasein für Andere
Gerechtigkeit
anders leben
ökologie
sinnsuche

traditionsorientiert

abendländische Kultur
Information
bodenständig
Sicherheit Familie
Printmedien Gemeinschaft
gesellig Dorf
Ordnung

individuell
Innovation
eigener Benefit
Selbstverwirklichung
Netzwerk Social Media
avantgardistisch
modernkulturell
multimedial
unkonventionell
Risiko
Kreativität

postmodern

BESITZ
SPAß KONKRET
CLIQUE KONSUM
GREIFBAR GELD
ENTERTAINMENT
KÖRPER

materialistisch

ejw

© Steffen Kaupp, Lust auf Andere

Brücken bauen in die Fremde

1. Blick in den Spiegel – die eigene Arbeit differenzsensibel in den Blick bekommen

Die elementare Kulturenkarte erlaubt einen geschärften und aufschlussreichen Blick auf die eigene Arbeit, insbesondere auf unsere Haltung darin. Die eigene Milieugebundenheit bzw. -verengung wird entlarvt. Entscheidende in Bewegung bringende Fragen sind zu stellen:

Mitarbeitende und Angebote: Wie ticken jene Mitarbeitenden unter uns, die sich in hohem Maße für unsere Arbeit einsetzen? Wer ist in welcher Region am ehesten zu verorten? Welche Duftnoten verströmen unsere zentralen Angebote (in die wir verstärkt Ressourcen fließen lassen)? Wo können wir diese auf der Kulturenkarte verorten und ansiedeln?

Die eigenen Bewertungsmuster: Können wir die Weise, wie WIR die Dinge ansehen, bewerten und wertschätzen, relativieren? Kann ein Smartphone Sinn ins Leben spülen? – Es geht darum, eine Verständnis- und Wertschätzungskultur des fremden Anderen einzuüben und zu gestalten. In der Regel sehen wir das Defizit, das Negative des Fremden viel schneller als dessen positive Strahlen.

→ TIPP: Wagt ein »Kulturen-Pilgern« bzw. ein »Weltenbummeln« und sammelt Kostproben an Begegnungsorten, wo IHR normalerweise nie hingehen würdet bzw. noch nie wart. Miteinander in der Gruppe geht dies einfacher. Was könnt ihr dort bei allen fremden Eindrücken wertschätzen? Ja, was gefällt sogar überraschend gut?

Neue Ressourcen entdecken: Wer bewegt sich in Reichweite unserer Arbeit, der anders tickt, der den Duft anderer Regionen verbreitet und bei uns nur schwer beheimatbar ist (z. B. Konfi-Eltern)? Könnte man ihn nicht »sein Ding« machen lassen: Freiraum geben, um sein fremdes Interesse einzuspielen und damit die Gemeindearbeit zu weiten? Oder den HipHop-liebenden Jugendlichen einen Workshop planen lassen? →

Es geht darum, das, was Menschen lieben, in die Gemeindearbeit einspielbar zu machen – verküpft mit dem Evangelium. Natürlich muss man hier risikofreudig und fehlertolerant sein – aber feiern wir nicht genau die Bedingung dafür im kommenden Jahr beim Reformationsjubiläum? Wir sind durch und durch angenommen – und können dadurch wagen! Jedenfalls weitet sich so unsere Gemeindekultur und bietet anderen Menschen die Möglichkeit, Verbundenheit zu erfahren und sich mit uns *auf ihre Weise* zu verbinden. Verantwortliche unserer Arbeit müssen nicht immer noch mehr leisten und es allen recht machen. Aber eine ihrer wesentlichen Verantwortlichkeiten besteht darin, das ganze der Gemeinde Gottes bzw. das weite Reich Gottes im Blick zu haben.

2. Aufbrechen und Verbundenheit ermöglichen – zwölf entscheidende Wegweiser

Was sich mit dem vorigen Punkt schon angedeutet hat, wird nun konsequent ausgeführt: Nicht nur »Scouts in fremde Welten« wird Freiraum ermöglicht und deren Interessen werden gefördert und mit dem Evangelium verknüpft, sondern unsere Organisationskultur fördert umfassend den Brückenbau in die Fremde. Und zwar durch

⟫ INTERKULTURELLE BILDUNG:
das andere Fremde wahrnehmen, ohne es gleich zu bewerten – durch Spiele, Übungen, Bildung, Begegnungen.

⟫ BEFRISTETE ANGEBOTE:
statt Woche um Woche, Jahr um Jahr das Angebot aufrecht zu erhalten, Mut zu befristeten Projektangeboten.

⟫ KOOPERATIONEN:
Nicht alles müssen wir selbst stemmen. Kooperationen mit bestimmten Lebenswelt-Vertretern machen neugierig, sparen Kräfte, bereichern unseren Horizont und führen ins Weite.

⟫ BEGNADETE SCOUTS:
In unseren eigenen Reihen entdecken wir Menschen mit spezifischen Interessen und Begabungen – und schaffen für ihr Wirken als Brückenbauende Freiräume.

⟫ SOUND:
Wir achten auf den lebensweltlichen »Soundtrack« von Formulierungen, Bildern, Aufmachungen unserer jeweiligen Angebote oder unserer Medien oder unserer Verkündigung.

⟫ DIGITALE KLAVIATUR:
Wir sind dort, wo die Menschen sind. Also auch »im und mit Netz«. Warum nicht auch ein online gestütztes Stadtspiel durchführen?

⟫ DRITTE ORTE:
Aus einer einladenden Jugend- oder Gemeindearbeit wird eine hingehende: Unsere Angebote veranstalten wir in der Kneipe, im Freibad, im Rathaus etc.

⟫ DIREKTE ZUWENDUNG:
Die Lebensweltperspektive hilft uns, die Anderen besser zu verstehen und zu achten. Solch liebende Zuwendung mit offenem Herzen, offenen Augen und Ohren baut stärkste Brücken!

⟫ POPULARITÄT:
Nischenangebote haben ihr Recht. Doch das, was »in« und populär ist, den Mainstream dürfen wir nicht vergessen, wenn wir »für alle Welt(en)« da sein wollen.

⟫ ÖFFENTLICHE PRÄSENZ:
An Marktplätzen, an denen sich unterschiedliche Lebenswelten treffen (Stadtfeste, Schule, KonfiEltern-, KigaEltern-Arbeit etc.), sind wir ansprechend präsent. Ein Schaufenster unseres Wirkens!

⟫ KOMPETENZANGEBOTE:
In unserem Programm finden sich Angebote, bei denen eine Person für sich Nutzen und Benefit ziehen kann – bis hin zu Zertifikaten.

⟫ REGIONALISIERUNG:
Nicht jeder muss alles anbieten. Wir denken vernetzt und schaffen synergetisch regionale Angebote für mobile(re) Lebenswelten.

Es gilt die Kulturenkarte und diese zwölf Punkte bei dem, was wir ohnehin schon tun – an Gruppen- und Freizeitenarbeit, Gottesdienstfeiern und Verkündigungsweisen –, zu beherzigen. Oder: Sie locken uns, bestehende Angebote zu begraben und neue Formate ressourcenfreundlich zu gestalten.

In jedem Fall werden Distanzen zu unserer Jugend- und Gemeindearbeit verringert – und Verbundenheit wächst.

Steffen Kaupp, Landesreferent und Pfarrer im Evang. Jugendwerk in Württemberg, Stuttgart; Projekte »milieusensible Jugend- und Gemeindearbeit« und »alternative Gottesdienste«; www.ejw-vielfaltskultur.de

FREMD WERDEN IN VERTRAUTER UMGEBUNG –
WENN FREMDES BEDROHLICH WIRD

Erfahrungen und Perspektiven aus pastoralpsychologischer Arbeit

Christoph Lasch

Sich fremd zu fühlen, andere als fremd wahrzunehmen, selbst als fremd erlebt zu werden und in sich selbst etwas zu entdecken, was einem bis dahin fremd war, sind allgemein menschliche Phänomene. Bei Kleinkindern sagen wir, sie »fremdeln«, wenn sie nicht vom Arm der Mutter in fremde Hände gegeben werden wollen. Als fremd erleben wir Unbekanntes, was nicht zu uns selbst oder zu einer scheinbar homogenen Gruppe gehört. Es kann Faszination und **Neugier** auslösen, aber auch als bedrohlich wahrgenommen werden und **Angst** machen. Wir erleben Beziehungen und Situationen mal als vertraut, mal als fremd, fühlen uns in vertrauter Umgebung wohl oder wie »in der Fremde«. Sich mit Fremdheit auseinanderzusetzen, ist eine Lebensaufgabe.

FREMDHEIT IN DER BIBEL

Fremdheit beschreibt bereits die Bibel. Dem geschaffenen Menschen war die Erde zunächst fremd. Er bekam den Auftrag sie zu bebauen und zu bewahren und sich so vertraut zu machen. Allein auf sich gestellt, so meinte Gott, ist es nicht gut für den Menschen. Ohne Gefährten fühlt er sich einsam. Die Tiere als die ersten Mitgeschöpfe waren fremd und brauchten erst eine Namensgebung. Die Lebenspartner waren sich fremd und mussten sich erst einander vertraut machen. Für den Umgang mit »dem Fremden« erhält Israel klare Anweisungen: »Er soll bei euch wohnen wie ein Einheimischer unter euch, und du sollst ihn lieben wie dich selbst; denn ihr seid auch Fremdlinge gewesen in Ägyptenland.« (3. Mose 19,34). Jesus begründet die Entscheidung im Weltgericht für ein Leben in Gottes Reich u.a. damit: »Ich bin ein Fremder gewesen und ihr habt mich aufgenommen.« (Mt 25,35)

Paulus ermutigt die Gemeinde im Epheserbrief 2,11 f.: »Darum denkt daran, dass ihr, ... wart ... Fremde außerhalb des Bundes der Verheißung.« Die Erfahrung aus Fremden erwählte Kinder Gottes geworden zu sein, lädt zu Dankbarkeit und zum Verständnis für andere Lebensweisen und Glaubensvollzügen ein, die sich in einer Gemeinde vorfinden. Auch in der Begegnung mit Gott gibt es diese Erfahrungen. So beklagt Hiob seinem Freund Bildad das ungerechte Handeln Gottes, das ihn zu einem Unbekannten und Fremden im eigenen Haus gemacht hat (Hiob 19,15). Und der Psalmbeter klagt in großer Anfechtung und Schmach: »Ich bin fremd geworden meinen Brüdern und unbekannt den Kindern meiner Mutter.« (Psalm 69,9) Menschen sprechen bei Schicksalsschlägen oder angesichts der Kriege davon, dass ihnen Gott fremd geworden ist. Es sind Erfahrungen, die nicht in das eigene Lebenskonzept passen, Lebenspläne stören. Und doch wollen sie integriert sein. Ein Gesangbuchlied von Huub Oosterhuis beschreibt es so: »Ich steh vor dir mit leeren Händen, Herr; fremd wie dein Name sind mir deine Wege ...« (EG 382 nach einer Übertragung von Lothar Zenetti).

FREMDHEIT UND SEELSORGE

Mit fremd verbinden sich Unsicherheit und Angst. Diese Gefühle spielen in Seelsorge und Beratung oft eine Rolle. Begegnungen und Entwicklungen im persönlichen oder beruflichem ➜

IMPRESSUM

PRAXIS GEMEINDEPÄDAGOGIK (PGP)

ehemals »Christenlehre/Religionsunterricht–PRAXIS«
ehemals »Die Christenlehre«

70. Jahrgang 2017, Heft 1

Herausgeber:
Amt für kirchliche Dienste in der Evangelischen Kirche
Berlin-Brandenburg-schlesische Oberlausitz
Pädagogisch-Theologisches Institut der Nordkirche
Theologisch-Pädagogisches Institut der
Evangelisch-Lutherischen Landeskirche Sachsens
Pädagogisch-Theologisches Institut der Evangelischen Kirche in
Mitteldeutschland und der Evangelischen Landeskirche Anhalts

Anschrift der Redaktion:
Matthias Spenn, c/o Evangelische Verlagsanstalt GmbH,
»PGP-Redaktion«, Blumenstraße 76, 04155 Leipzig,
E-Mail ‹redaktion@praxis-gemeindepaedagogik.de›

Redaktionskreis:
Dr. Lars Charbonnier, Führungsakademie für Kirche und Diakonie,
Haus der EKD, Charlottenstraße 53/54, 10117 Berlin
Uwe Hahn, Ev.-Luth. Kirchenbezirk Leipzig, Dienststelle des
Bezirkskatecheten, Burgstraße 1–5, 04109 Leipzig
Petra Müller, Fachstelle Alter der Ev.-Luth. Kirche
in Norddeutschland, Gartenstraße 20, 24103 Kiel
Dorothee Schneider, PTI der Ev. Kirche in Mitteldeutschland und der
Landeskirche Anhalts, Zinzendorfplatz 3, 99192 Neudietendorf
Matthias Spenn, Amt für kirchliche Dienste in der Ev. Kirche Berlin-
Brandenburg-schlesische Oberlausitz, Goethestraße 26–30, 10625 Berlin
Christine Ursel, Diakonisches Werk Bayern – Diakonie.Kolleg.,
Pirckheimerstraße 6, 90408 Nürnberg

Redaktionsassistenz: Sina Dietl, Evangelische Verlagsanstalt GmbH

Verlag: EVANGELISCHE VERLAGSANSTALT GmbH,
Blumenstraße 76, 04155 Leipzig, www.eva-leipzig.de
Geschäftsführung: Sebastian Knöfel, Arnd Brummer

Gestaltung/Satz: Jens Luniak, Evangelisches Medienhaus GmbH

Druck: Druckerei Böhlau, Ranftsche Gasse 14, 04103 Leipzig

Anzeigen: Rainer Ott · Media | Buch- und Werbeservice,
PF 1224, 76758 Rülzheim, Tel. (0 72 72) 91 93 19,
Fax (0 72 72) 91 93 20, E-Mail ‹ott@ottmedia.com›
Es gilt die Anzeigenpreisliste Nr. 11 vom 1.1.2012

Abo-Service: Christine Herrmann, Evangelisches Medienhaus GmbH, Telefon (03 41) 7 11 41 22, Fax (03 41) 7 11 41 50,
E-Mail ‹herrmann@emh-leipzig.de›

Zahlung mit Bankeinzug: Ein erteiltes Lastschriftmandat (früher
Einzugsermächtigung genannt) bewirkt, dass der fällige Abo-Beitrag
jeweils im ersten Monat des Berechnungszeitraums, in der letzten
Woche, von Ihrem Bankkonto abgebucht wird. Deshalb bitte jede Ände-
rung Ihrer Bankverbindung dem Abo-Service mitteilen. Die Gläubiger-
Identifikationsnummer im Abbuchungstext auf dem Kontoauszug zeigt,
wer abbucht – hier das Evangelische Medienhaus GmbH als
Abo-Service der PRAXIS GEMEINDEPÄDAGOGIK.
Gläubiger-Identifikationsnummer: DE03EMH00000022516

Bezugsbedingungen: Erscheinungsweise viermal jährlich, jeweils
im ersten Monat des Quartals. Das Jahresabonnement umfasst die
Lieferung von vier Heften sowie den Zugriff für den Download der
kompletten Hefte ab 01/2005. Das Abonnement verlängert sich um
ein Kalenderjahr, wenn bis 1. Dezember des Vorjahres keine
Abbestellung vorliegt.

**Bitte Abo-Anschrift prüfen und
jede Änderung dem Abo-Service mitteilen.
Die Post sendet Zeitschriften nicht nach.**

ISSN 1860-6946
ISBN 978-3-374-04939-4

Preise:
Jahresabonnement* (inkl. Zustellung):
    Privat: Inland € 40,00 (inkl. MwSt.),
          EU-Ausland € 46,00, Nicht-EU-Ausland € 50,00;
    Institutionen: Inland € 48,00 (inkl. MwSt.),
          EU-Ausland € 54,00, Nicht-EU-Ausland € 58,00;
Rabatte – gegen jährlichen Nachweis:
    Studenten 35 Prozent; Vikare 20 Prozent;
Einzelheft (zuzüglich Zustellung): € 12,00 (inkl. MwSt.)
          * Stand 01.01.2017, Preisänderungen vorbehalten

Unsere nächste PGP-Ausgabe erscheint im April 2017.

Vorschau PGP 2/2017

Gemeinsam ins Abenteuer,
erlebnispädagogische Aktionen
mit Vätern und Kindern

Grüne Kinderstunde
Waldkindergarten

Erlebnispädagogik und
Spiritualität – Kirchturm
als Kletterturm

Leben sind dabei vorrangig Thema, aber auch das Ringen um ein angemessenes, biblisches Verhalten den »Fremden« und den fremden Religionen gegenüber.

Das Gefühl spielt auch in sich neu formierenden Gruppen eine Rolle. Man kennt sich noch nicht, ist noch nicht vertraut mit den »Spielregeln« der Gruppe. Darüber kann anfangs noch nicht offen gesprochen werden. Man versucht dem auszuweichen, thematisiert zunächst anderes. Meist werden Informationen gewünscht, um die Unsicherheit aufzulösen. Der Psychiater Klaus Dörner sprach einmal davon, dass sich in einer Begegnung »Gegner« begegnen. Er bezeichnet damit die grundsätzliche Fremdheit und Andersartigkeit der Menschen. Dies gilt zu einem gewissen Maße auch in Seelsorge und Supervision. Ratsuchende und Seelsorgende sind sich fremd.

AUSEINANDERSETZUNG MIT FREMDHEIT

Wie kann eine Auseinandersetzung damit so gelingen, dass es nicht lebenseinschränkend wirkt? Zunächst muss dabei unterschieden werden zwischen einem Fremdheitsgefühl in einem eigentlich bekannten Umfeld und einer tatsächlichen Fremdheit, z. B. in einer anderen Stadt oder im Ausland. Es macht einen Unterschied, ob wir uns **selbst** fremd fühlen oder **etwas** als fremd wahrnehmen und erleben. Es scheint einfacher zu sein, sich mit dem Fremden in der Fremde vertraut zu machen, z. B. auf Reisen oder bei einem längeren Auslandsaufenthalt. Schwieriger scheint das in eigentlich vertrauter Umgebung. Ehepartner haben sich auseinander gelebt, Kinder und Eltern haben unterschiedliche Lebensvorstellungen, kollegiale oder freundschaftliche Beziehungen drohen zu zerbrechen, weil unterschiedliche Meinungen zu aktuellen kirchlichen oder gesellschaftspolitischen Entwicklungen Menschen spalten.

Diese Empfindungen in privaten Beziehungen und im eigenen Umfeld beruflicher Arbeit schwingen als Thema in Seelsorge und Supervision oft mit. Mitarbeitende von Kirche und Diakonie, nicht selten hochengagiert und verantwortungsbewusst, berichten davon, dass sie sich in manchen Entwicklungen in der Kirche oder Gemeinde nicht wiederfinden. Ältere Mitarbeitende erzählen von »früher«, den noch »anderen Zeiten« und idealisieren sie. Jemand berichtet, wie er sich in vergangenen Jahren einer veränderten Situation in der Kirchgemeinde mit Widerstand entgegengestellt habe. Die Hintergründe eines erlebten Fremdheitsgefühls »im eigenen Land« seien ihm aber nicht deutlich gewesen. Einer erzählt von ihm eigentlich vertrauten Menschen, die ihm mit ihren politischen Ansichten fremd werden. Als Emotionen zeigen sich oft Enttäuschung, Ärger und Angst, auch Trauer über Verlorengegangenes. Betroffene beschreiben ihr Empfinden dann z. B. so: »Das ist keine Ehe mehr. Das sind nicht mehr meine Kinder. Das ist nicht mehr mein Land, meine Kirche, meine Firma, nicht mehr das, wofür ich mal diesen Beruf ergriffen habe, wofür ich mich stark gemacht, woran ich geglaubt habe, wofür wir im Osten '89 auf die Straße gegangen sind.« Bis hin zu: »Das Leben ist mir fremd geworden.« Oft spielt die Angst mit, Situationen nicht mehr einschätzen zu können, ihnen keinen Namen mehr geben zu können, sie letztlich nicht mehr beherrschen zu können.

Neue Entwicklungen und Verhältnisse machen nicht nur Angst,
sie können auch einen Trauerprozess auslösen:
Trauer über das, was verloren gegangen ist, was nicht wiederkommt.

SICH SELBST FREMD WERDEN

Eine heftige Emotion, die einen selbst überrascht, kann ein Gefühl der Entfremdung erzeugen. »So kenne ich mich gar nicht wieder. Ich weiß gar nicht, was mit mir los ist/war.« Was also wäre zu tun, um mit dem Gefühl in der eigenen Familie, in der beruflichen Praxis, in der bekannten Gruppe, unter Kollegen, in Kirche und Diakonie umzugehen und es gegebenenfalls aufzulösen? Der Mensch Adam erkennt im Mitmenschen ein Stück von sich selbst: »Das ist ja Bein von meinem Bein und Fleisch von meinem Fleisch.« Wir Menschen vermögen, uns in das außerhalb unseres Selbst Erlebte und Erfahrene einzufühlen. Doch Mitgefühl mit z. B. notleidenden Menschen oder das Vertrautwerden mit den eigenen dunklen Anteilen wird das Fremdheitsgefühl nicht gänzlich auflösen können. Es wäre ein Irrglaube zu meinen, sich alles am Gegenüber, auch alles in einem selbst, vertraut machen zu können. Empathie steht bei überfordernden Erlebnissen in der Gefahr in Widerwillen umzuschlagen, in feindselige Ablehnung und Ausgrenzung. Dann geht es nur noch darum, den Auslöser wieder loszuwerden und das Gegenüber unter keinen Umständen als Teil von sich zu erkennen und zuzulassen. Es ist also unbedingt erforderlich, sich mit der eigenen Angst auseinanderzusetzen. Diese Angst ist ein Gefahrensignal, sie lehrt uns, für uns hilfreiche Entscheidungen zu treffen.

DIE ROLLE DER SEELSORGER

Seelsorger und Berater hören den Lebensgeschichten anderer Menschen zu und ermöglichen damit die Wahrnehmung von Gefühlsregungen und wichtiger noch, halten sie mit aus und ver-

stehen sie gegebenenfalls zu entgiften. Konkrete Schritte im Umgang mit Angst können eingeübt werden. Begegnungen helfen Ängste vor dem Anderssein abzubauen, sie können den eigenen Horizont erweitern und das Gefühl der Ablehnung aufweichen. Dazu braucht es Mut. Eine Erfahrung aus unseren Weiterbildungskursen ist, dass Teilnehmende, die sich mit ihrem Empfinden von Fremdsein, mit ihrer darin mitschwingenden Angst einer Gruppe anvertrauen, in der Regel Solidarität erfahren. Sich seiner Angst stellen zu können und in der Gruppe dafür Platz zu haben, wird als befreiend und tröstlich erlebt.

Neue Entwicklungen und Verhältnisse machen nicht nur Angst, sie können auch einen Trauerprozess auslösen: Trauer über das, was verloren gegangen ist, was nicht wiederkommt. Sich mit dieser Trauer auseinanderzusetzen, erfordert ebenfalls viel Mut und Aufgeschlossenheit. Dabei kommt es nicht darauf an, die Trauer zu beseitigen, sondern sie zu integrieren. Auch sie bleibt Bestandteil unseres Lebens. So wie wir liebe Menschen hergeben müssen, müssen wir uns auch von liebgewordenen Traditionen und Strukturen verabschieden, die die Zeiten nicht überdauern. Die Hoffnung aber, dass das Leben weitergehen wird, verbindet sich mit dem Vertrauen, dass auch neue Entwicklungen ihr Gutes entfalten können.

FREMDSEIN ALS DEM MENSCHEN INHÄRENT

Und noch eines: Fremdsein und Fremdwerden sind Empfindungen, die nicht vollständig aufzulösen sind. Mein Gegenüber bleibt ein Anderer. Vielleicht ist es mit unserem Menschsein verbunden, dass wir trotz aller Gemeinsamkeit und Vertrautheit im Letzten uns allein und

fremd fühlen. Der Schmerz, der dann aufsteigt, sich nicht wieder vereinen zu können mit dem Ursprung des Lebens, nicht wieder hinter den Zustand des »Fremdelns« als Kleinkind zurück zu kommen, begleitet uns ein Leben lang. Er ist leichter zu ertragen mit der Hoffnung, dass er aufgehoben wird in der Verheißung göttlicher Gemeinschaft. Punktuell versuchen wir diesen Schmerz loszuwerden. Wir gehen eine tiefe Beziehung zu einem geliebten Menschen ein, leben vielleicht eine tiefgläubige Religiosität, suchen uns vertraute Gruppen, versuchen Fremdheit zu negieren und uns als dazugehörig zu definieren. Wir unternehmen vieles, um zu einer Gemeinschaft zu gehören. Solche Momente sind die Glücksmomente des Lebens. Sie lassen sich aber nicht festhalten. Ähnlich wie die Jünger auf dem Berg der Verklärung Jesu, auf dem sie einen Ausblick auf göttliche Gemeinschaft erhaschen konnten, müssen auch wir wieder hinunter ins Leben, in den Alltag, wo Fremdsein weiterhin besteht und von uns gestaltet werden will.

Pfarrer Christoph Lasch ist
Studienleiter im Fachbereich
Pastoralpsychologische Aus- und
Weiterbildung in Seelsorge und
Supervision am Institut für Seelsorge
und Gemeindepraxis Leipzig.

David Plüss, Matthias Zeindler, Matthias D. Wüthrich (Hg.): Ekklesiologie der Volkskirche. Theologische Zugänge in reformierter Perspektive, Praktische Theologie im reformierten Kontext, Band 14, Zürich: TVZ 2016, 444 S., Paperback, € 48,90, ISBN 978-3-290-17852-9

Sabrina Müller: Fresh Expressions of Church. Ekklesiologische Beobachtungen und Interpretationen einer neuen kirchlichen Bewegung, Zürich: TVZ 2016, 340 S., Paperback plus CD-ROM, € 58,00, ISBN 978-3-290-17854-3

Die Volkskirche, so Eberhard Jüngel, ist die »Kirche des Volkes, das nicht zur Kirche geht". Mit diesem Zitat eröffnen die Herausgeber David Plüss, Matthias D. Wüthrich und Matthias Zeindler ihre instruktive Einleitung in ihren Sammelband zur Ekklesiologie der Volkskirche (9). Sie legen damit m.E. ein sehr interessantes Buch vor, das sich in guter Weise von vielen anderen Sammelbänden nicht nur dadurch abhebt, dass der Band konsequent den Fokus auf ein Thema richtet, sondern insbesondere aufgrund der aktuellen Brisanz des Themas – sei man nun reformiert und Schweizer oder nicht. Denn in der Tat steht die Frage im Raum, wie weiterhin von einer Volkskirche gesprochen werden kann, wenn die Zahl der Mitglieder rückläufig und weit von gesellschatlichen Mehrheitswerten entfernt ist und von daher ein solcher Begriff wahrlich für Befremdung sorgt. Welcher theologische Kern in diesem Begriff steckt, welche historischen wie gegenwärtigen Perspektiven ihn zu erhellen vermögen und wie eine kirchliche Praxis ausschaut, die heute einer Volkskirche entsprechen möchte, das zeigt dieser Band in seiner Auseinandersetzung mit dem »Programmbegriff« Volkskirche (10) informativ und anregend auf.

In einem ersten Kapitel wird die Volkskirche in der Gegenwart skizziert, sowohl vor dem Hintergrund der re.. Landschaft der Gegenwart wie in den unterschiedlichen ... tionalen wie konfessionellen Erscheinungsformen. Uta Pohl-Patalong beschreibt für Deutschland eine klare Ambivalenz der Wahrnehmung (59): »Die Kirchen in Deutschland sind im Umbruch – wohin genau, wird sich zeigen.« Auch wenn die Zukunft noch unklar ist, zumindest woher die unterschiedlichen Konzeptionen von Volkskirche stammen, wird im Band ebenfalls im Rahmen der zweiten Untergruppe »Geschichte der Volkskirche« umfassend und aufschlussreich beschrieben. Für alle primär praktisch-theologisch Interessierten ist das vierte Unterkapitel – das dritte befasst sich mit kirchenrechtlichen Aspekten – von besonderem Wert: Praktisch-theologische Modelle von Volkskirche und deren theologische Implikationen werden hier dargestellt. Diese Darstellung beginnt bei Ernst Lange und das Spektrum endet bei Michael Herbst. Interessanterweise sind hier keine Schweizer Theologinnen und Theologen beschrieben. Es folgen Dimensionen von Programmen und Praxisformen in der Schweiz, bevor ein dezidiertes Kapitel »Zur Theologie der Volkskirche« den Band abrundet.

Das Buch endet mit »Perspektiven einer Ekklesiologie der Volkskirche« der Herausgeber und ihrem Verweis darauf, dass es theologisch Grund zur Gelassenheit gebe, da Gott die Zukunft der Kirche sei. Wie sinnvoll diese Trennung der Kategorien von Gottes und des Menschen Werk ist, und wie viel Verantwortung dann doch dem Menschenwerk zukommt und wie wichtig es deshalb ist, diese Grenzziehung zu kennen, das führen die Beiträge dieses Bandes anregend vor Augen.

Für nicht wenige Menschen und auch nicht wenige Kirchenmitglieder ist die Befremdung groß, wenn sie die Angebote der Ortsgemeinden sehen. Anders ist das bei den Formaten, die mit dem Label »Fresh Expressions« versehen werden können. Diese aus England stammende Bewegung erfreut sich mittlerweile auch in Deutschland großer Beliebtheit und wird durchaus auch landeskirchlich unterstützt. Wer etwa in der Tradition Ernst Langes theologisch aufgewachsen ist, wird die Idee nicht neu finden, aber es braucht eben oft mehr als nur die Idee, damit neue Formen auch Praxis werden können. Das sieht auch Sabrina Müller so, die keinen Hehl daraus macht, selbst diese Bewegung für richtig und wichtig zu halten. Mit dieser Idee und den Praxisformen der Fresh Expressions of Church hat sie sich in ihrer Züricher Dissertation aus dem Jahr 2015 wohl auch deshalb auseinandergesetzt.

Wer etwas über die Wurzeln und ihre Wirkungen in England erfahren möchte, sollte zu diesem Buch greifen. Anschaulich und konzise beschreibt Müller diese Bewegung ausgehend von Experteninterviews, die sie qualitativ auswertet (und erfreulicherweise die Transkripte auf einer CD beigelegt sind).

Nach einer kurzen Einleitung und einigen (sehr knappen) ...schen Überlegungen definiert Müler den Gegenstand ihrer Untersuchung in Aufnahme und Abgrenzung auch anderer, verwandter Reformbewegungen wie dem Church Planting oder dem Ansatz der Emerging Church, wobei sie weniger selbst das Phänomen definiert als vielmehr die Eigendefinitionen beschreibt. Ein klein wenig mehr reflektierte Auseinandersetzung mit dem Ansatz würde sich der Vertreter einer kritischen Wissenschaft in einer Dissertation schon wünschen, das gilt leider für das ganze Buch: Müller beschreibt sehr dicht am Material selbst Anliegen und Theologie der Bewegung. Dafür wird diese aber auch tatsächlich gebündelt und facettenreich vorgestellt und ermöglicht so die eigene Auseinandersetzung damit. Das liegt zum einen an einer historisch informierten und detaillierten Beschreibung der ja erst wenige Jahre erkennbaren Entwicklung dieser Bewegung und zum anderen an den fünf Beispielen, die als konkrete Praxisformen analysiert werden: Sorted, Messy Church, Moot, Xpressions Café und T.A.N.G.O.

Am interessantesten ist dann das siebte Kapitel, die Analyse der Experteninterviews, in dem sie das ekklesiologische wie theologische Selbstverständnis facettenreich rekonstruiert ebenso wie die Dimensionen von Mission, gesellschaftlichem Umfeld, Praxis und von programmatischen Begriffen. Diese Ergebnisse deutet sie noch einmal theologisch und ordnet sie damit in den größeren systematischen Rahmen ein, bevor sie abschließend nach den Übertragungsmöglichkeiten in ihren schweizerischen Kontext fragt.

Lars Charbonnier